일희일비하는 그대에게

오늘 일기하는 그대에게

| 차례 |

여는 말

1부
봄
나의 작은 선생님 | 15
당연한 향기 | 20
물보다 진한 피, 피보다 진한 현玄 | 23
달이 빛나는 밤 춤추는 빗속의 여인 | 26
여명을 바라보는 병아리 | 29

2부
여름
미생의 봄 | 35
마음 인서트 | 38
천천히, 더 천천히 | 42
뿌리 깊은 인연 | 46
치밀함, 그 속의 자연스러움 | 50
별들의 뒤태 | 54
눈을 감고 눈을 뜨게 | 61
이유가 있다 | 68
욕심欲心과 욕심慾心 사이 | 73
'종이는 인간보다 더 잘 참고 견딘다.'- 안네 프랑크 | 78
춤추라, 아무런 흔적이 남지 않는 것처럼 | 80
한번 보고 말 사이, 그러니까 | 82
내가 가는 이 길이 어디로 가는지 | 84
마지막 인사 | 90
마음이 마음에게 | 93

양날의 붓 | 96

나는 너, 너는 나 | 99

3부
가을

연지硯池에서 피어난 그대 마음 한 송이 | 111

여백의 눈빛 | 115

꽃 지는 봄이 오면 | 119

말의 씨앗, 글의 씨앗 | 122

열 개의 노, 한 척의 배 | 126

방패에는 창이, 창에는 방패가 | 129

사, 이비似, 而非 | 133

꽃은 한 때 꽃이었던 흙이 키워준다 | 136

이 길 위에 | 139

다름의 닮음 | 141

4부
겨울

처연한 아름다움 | 149

가지 같은 시간, 손톱 같은 사람들 | 153

천천히 가자, 천천히 | 156

이미 알고 있잖아 | 158

아빠, 달이 자꾸 따라와요 | 161

당신은 나의 | 163

때문에, 아니 덕분에 | 165

다 너를 위한 나의 생각이야 | 168

달을 위해 빛을 내어 주는 작은 별 | 170

5부	한 줌의 우주	177
다시	순간의 흔적	185
봄	우리 오래 함께하기 위해서는	188
	잘못된 측은지심	191
	안녕히	193
	끝부터 시작까지	195
	스스로 그러하도록	197
	흔, 그리고 결	200

닫는 말

추천의 말

여는 말

  나이 서른, 아직도 작은 일에 기뻐하고 별일 아닌 일에 슬퍼하며 마음이 자꾸 휘둘리니 피곤하다. 누군가는 '이립而立'을 하는 나이라는데, 이렇게 어린 마음이 여전하다니. '도대체 커서 뭐가 되려고.' 하는 생각이 아직도 순간마다 머리에 파고든다. 그럼에도 불구하고, 마음이 멈춰있지 않고 움직이는 수많은 '어른이들'이야말로 자연의 이치에 순응하며 조금씩 인간으로 더 깊게 성숙해져 가는 것이라 굳게 믿는다.

  가끔씩 내리는 빗방울에 억눌렸던 마음이 함께 쏟아지기도 하고, 불어오는 바람에 하루를 살아갈 용기를 얻기도 하는 것은 부정할 수 없는 사실이다. 비 온 뒤에 화창하게 걷히는 맑은 하늘을 보면, 아마도 자연은 일희일비하기에 위대한 것이 아닐까?

붓을 잡은 지 스무 해가 훌쩍 넘었다. 나는 일희일비를 마음껏 하면서도 세상을 단단히 키워내는 자연을 닮은 서예가가 되고 싶었다. 글씨를 쓰면서 작은 점 하나에 크게 웃기도 하고, 퍼지는 먹 번짐에 눈물도 지었다. 그 덕분에 서예 속에 번져있는 세상과 길거리에 흩뿌려져 있는 예술까지도 만날 수 있었다.

쨍하니 비추는 하늘을 바라보면서 한 걸음 더 용기를 내기로 했다. 그동안 서예를 하며 울고 웃던 시간과 자연에게 위로받던 시간이 소복이 담겨있는 일기장을 세상 밖으로 꺼내어 사람들과 나눠보기로.

하지만 첫 책을 세상에 내보이려니 두렵기만 하다. 내뱉는 한마디가 산소를 해치더라도 가치 있을 만큼의 말이어야 하는데. 적어내는 한 줄의 이야기가 나무를 베어도 괜찮을 만큼의 생각이어야 한다는데. 과연 그런 글이 될 수 있을까?

그럼에도 불구하고 용기를 낸다. 나에게는 '서예'가 일희일비를 하며 마음을 키워낼 수 있는 시간인데, 그대에게는 '어떤 것'이 당신의 마음을 키워내는지 생각할 수 있는 시간 이길. 나의 마음이 부디 오해 없이 그대의 마음에 가닿길 바라며.

이천이십년 정월
인중 이정화 올림

첫 만남이 자의로 이루어진 것은 아니지만
그 누구보다 나의 마음을 가장 잘 이해해 주며
함부로 떼어낼 수 없는 그런 존재.
한지에 먹이 조금씩 스며들어 가득 채워지는 것처럼
알게 모르게 나의 마음 가득 묵향이 퍼져가고 있었다.

일희일비하는 그대에게

서예가 이정 이철화

나의
작은 선생님

모추자 毛錐子

: 붓의 다른 이름

"이 붓이 정화랑 어울리네."

젓가락 사용을 배울 즈음, 부모님께서 작은 붓 하나를 쥐여주셨다. 커서 언니가 되면 준다고 하신 붓. 생각보다 일찍 받은 기분에 흥분을 감추지 못하고 먹물이 가득한 벼루에 푹 담그고 화선지 위에 글을 쓰려는 순간, 종이에 먹물이 사정없이 떨어졌다. 떨어진 먹물은 멈춰있지 않고 점점 커지기 시작했다. 게다가 붓은 연필처럼 글자를 쓰는 것인데도 불구하고 틀려도 지울 수가 없다. 퍼져가는 먹물을, 나는 그저 당황하며 바라만 보았다. 그때의 어린 나는 미처 알지 못했지만, 지금 돌이켜 생각해보니 작은 붓은 나에게 '침착함'을 알려주고 있었다.

'워워. 진정해.
 지금처럼 마음의 준비 없이 일을 서두르다 보면,
 원치 않던 먹물이 떨어지는 것처럼 의도치 않은
 다른 일이 생길 수 있어. 그 일은
 종이에 스며드는 먹물처럼 점점 커져서
 걷잡을 수 없게 되고, 없었던 일로
 돌이킬 순 없어. 침착한 마음이 없다면,
 한순간 다 망가져 버릴 수도 있어.
 그런데……'

떨어지는 먹물에 놀라 끝까지 듣지 못한 붓의 이야기. 그와 더 친해진 후 스무 해가 지난 지금, 붓의 이야기에 다시

귀 기울여보았다.

'그러다 보면,
너의 삶의 어느 일부분이 되어
조금 더 성숙하게 해 줄 거야.
그러니 너무 크게 놀라지는 마.
우리 잘해보자!'

사실 떨어진 먹물은 종이를 까맣게 다 뒤집을 정도로 커지지도 않고, 번지는 먹의 색은 점차 연해지면서 당황하는 나를 진정시켜주었다. 기쁘면 그 감정을 배로 증가시킬 수 있도록 도와주고, 슬플 때면 종이 위에 토해내어 내 마음을 다독여주기도 했다. 그의 위로를 받으며 지낸 시간이 벌써 스무 해가 넘어갔다.

털 모.
송곳 추.
스승 자.

언제나 보드라운 털의 모습으로 포근히 감싸주지만, 때로는 송곳처럼 날카로운 가르침을 주기도 하는 나의 오래된 작은 선생님, 붓.

1997.
붓을 잡은 꼬마 인중

당연한
향기

"어머나, 강사님이세요? 나이가 지긋하신 분이실 줄 알았는데! 특이하네."

"젊은 아가씨가 서예를 한다고? 참 별나네."

"참 특별한 재주를 지녔어요."

다른 사람이 보기에는 특이하고, 별난. 참 특별한 서예. 하지만 나는 한 번도 서예를 '특별'히 여긴 적이 없다.

어릴 적 나에게 서예학원 즉, 서실書室은 집과 마찬가지였다. 부모님이 함께 서실을 운영하셨기에, 유치원 버스는 집이 아닌 서실에 나를 내려주었다. 그곳은 벼루와 먹이 맞부

덮히면서 사각거리는 소리와 은은한 묵향墨香으로 가득했다. 나는 서실에서 공부하는 언니들 옆에 앉아 입은 오늘의 하루를 재잘대며, 손으로는 쉼 없이 먹을 갈고, 퍼져가는 먹의 향기를 나도 모르게 온몸에 잔뜩 묻혀갔다.

사람은 저마다 각각의 고유한 체취가 있다. 그 향기로 근처에 누군가가 있다는 걸 맞추는 탐정 놀이도 가능할 정도이지만, 대부분 자신의 향기는 무엇인지 잘 모른다. 오롯이 내 것이기 때문이다. 내 방의 문만 열면 아주 강력하게 진동한다는 그 묵향. 난초의 향기는 백 리를 가고, 묵향은 천 리˚를 간다고 하는데, 나는 그 향을 맡아본 지가 오래다. 지초와 난초의 방에 들어가 오래 지내면 그 향기를 맡지 않더라도 향기에 순화된다는 명심보감 속 구절처럼˚, 묵향은 아주 자연스럽게 나의 또 다른 체취가 되어갔다.

나에게 서예는 특이하지도, 별나지도,

그러니까 그다지 '특별'하지 않다.

오히려 당연하고, 평범하며, 자연스럽다고 하는 것이 맞겠다. 마치 내가 선택하지 않았지만 나의 가장 가까이에 붙어있는 가족처럼. 나의 몸과 마음에 촉촉하게 젖어있다.

•蘭香百里, 墨香千里, 德香萬里.
•如入芝蘭之室 久而不聞其香 卽與之化矣.『明心寶鑑』

물보다 진한 피, 피보다 진한 현玄

'그때 나의 혈관에 들어온 혈색은 아마도 현색玄色이 아니었을까?' 엄마는 마음이 아파서 좋아하지 않는 이야기지만 나는 철없이 자랑하고 싶은 이야기가 있다.

다섯 살 꼬마 정화는 엄마·아빠의 걱정에도 오히려 부모님을 토닥이며 울지 않고 씩씩하게 수술대에 올랐다고 한다.

그 당시 나에게 수혈을 해 주신 다섯 분 중 네 분이 모두 서예가이셨다는 건, 서예와 나의 운명을 암시하는 복선임이 분명하다. 서예에 대한 깊은 고민과 사랑이 담긴 혈액을 조그마한 아이에게 모아주셨으니, 주삿바늘을 통과해서

들어온 선생님들의 혈색은 아마 먹빛이었음이 분명하다.

이제는 시간이 많이 흘러 그때 그 선생님들과 마주 앉아 술을 한 잔씩 하게 되면, "그 조그맣던 녀석이 언제 커서 이렇게 술을 다 따라주느냐."며 기특하게 바라보신다. 네 분의 기를 추가로 받았으니, 그만큼 더 건강히 글씨를 쓰길 바란다는 말씀과 함께.

그래서 내가 서예에 더 깊은 애착이 있는지도 모른다. 화선지에서 나오는 종이 먼지들이 가득히 날아다니는 방에서 오히려 더 깊은 잠이 들고, 벼루에 묵은 먹 때들을 깨끗이 닦아 낼 때 샤워한 것보다 더 상쾌한 기분이 든다. 착-하고 내 손에 달라붙어서 신나게 춤을 추는 붓에 흥이 나는 것을 보면 이건 필시 나의 몸속 먹빛들이 자신들을 잊지 말라고 신호를 보내는 것이 분명하다.

정말,

'그 피가 어딜 가겠는가?'

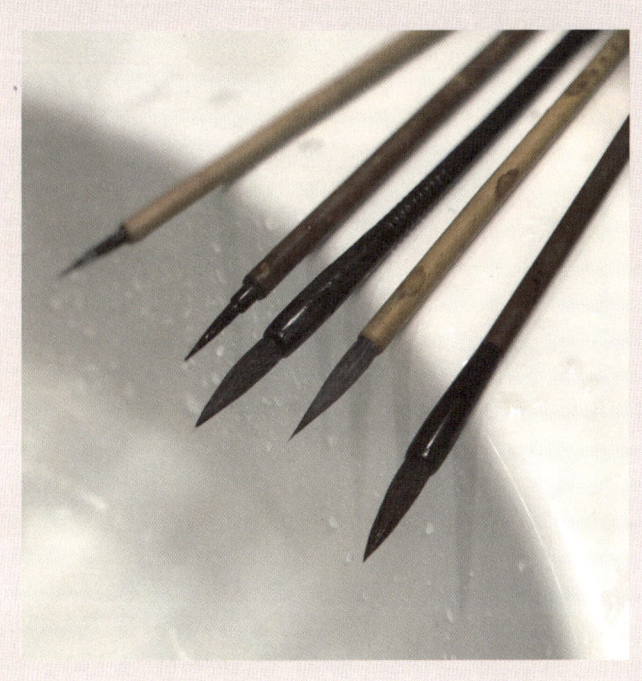

목욕을 마친 귀여운 붓들

달이 빛나는 밤
춤추는 빗속의 여인

 어릴 적 듣던 전래동화와 동요들, 맡았던 다양한 향기들과 만지며 느낀 물건들. 그리고 맛보았던 다양한 음식들까지. 그 모든 것들은 머리와 가슴 속에 남아 삶을 형성하는 데 있어서 큰 영향을 미친다.

 나의 유년 시절 사진을 보면, 근처에 글씨가 한가득이다. 놀이터보다도 전시장을 더 많이 다녔고, 크레파스보다도 붓을 더 많이 잡고 있다. 가랑비에 옷이 젖는 줄 모르듯이 나와 동생들은 어느새 온몸 가득 먹방울이 스며들고 있었다.

 시간이 지나면서 그들은 먹비 내린 옷을 벗고 새로운 옷으로 갈아입었지만, 어쩐지 나는 내리는 그 비의 맛까지 궁금했다. 아기가 간이 없는 이유식에서 구수한 된장찌개의 깊은 맛을 알게 되는 것처럼. 조금씩 맞게 된 보슬비가 느닷없이 소나기로 변한다고 해도 그 빗속에서 춤추며 즐길 수 있게 되었다.

비에 젖은 그 옷은 이제 너무 낡았으니, 다른 옷을 입는 것이 어떠하냐는 사람들. 하지만 유행은 돌고, 돌고, 또 돈다는데, 언젠가 이 옷도 다시 유행하지 않을까.

먹빛은 달처럼 은은하니, 낮의 하늘엔 어울리지 않는다며 밀어내고 있는 것은 아닐까. 그러나 반짝이는 것만 주목하는 세상이라 할지라도 어느 순간 밤은 찾아오니까, 내 옆에 아무것도 없다고 느껴질 그 밤에 달빛은 여전히 그 자리에서 빛날 것이니. 어느 밤, 내리는 빗속에서 출 춤을 열심히 연마할 수밖에.

1997.
사촌들과 함께 아버지 작품 앞에서

여명을 바라보는
병아리

"굳이 꼭 서예학과를 가야 할까?"

서예학과를 가기로 마음을 다잡고 부모님께 말씀드린 날, 부모님 두 분의 반응이 조금 달랐다. 아버지는 크게 표현하시지 않으셨지만 기뻐하셨고, 어머니는 그다지 달가워하지 않으시며 말씀하셨다.

"서예는 지금처럼 평생 할 수 있으니까 전공은 다른 것을 선택해서 더 다양한 것들을 배워보면 어떨까? 굳이 서예학과까지 갈 일이 있을까 해서……."

아마도 녹록지 않을 예술가의 삶을 딸이 걸어야 한다는

것을 걱정하셨기 때문일 것이다.

 하지만 나는 병아리를 키워보고 싶었다. 양손에 달걀을 하나씩 잡으면 두 개를 얻을 수 있겠지만, 두 손으로 하나의 달걀을 감싸면 건강한 병아리를 부화시킬 수 있을지 모르니. 좋아하는 것을 더 깊게 사랑하며 마침내 꿈에 닿을 수 있도록.

 서예과를 졸업하고 나서도 꾸준하게 서예에 애정을 쏟는 내 모습을 보신 아버지는, "이제야 말하지만, 딸들 중 아무도 서예에 관심이 없었다면 왠지 모를 부끄러움이 있었을 것 같다."라고 하셨다. 지나가는 말씀이었지만, 과하지 않게 나를 다독여주신 그 마음이 참 감사했다. 처음에는 반대하셨던 어머니는 지금 나의 가장 든든한 지원자이시다.

 사실 전시를 하는 것은 작가의 숙명이지만, 그것으로 생계를 유지하는 작가는 몇 없다. 그렇기에 작품을 한다는 것은 기약 없는 소비를 하는 것이다. 소비가 전부일지 모르는 작품을 위해 밤을 새워서 작업하는 날이면, 어머니는 간식을 조용히 방에 가져와 주시며 소리 없는 응원을 해주신다.

우리는 모두 하루를 시작하기 위해 눈을 떠 기지개를 켜는 순간부터, 충전을 위해 눈을 감고 이불을 끌어안는 시간까지. 매 순간 선택의 연속으로 삶이 이어진다.

가끔은 내가 올바른 선택을 한 것인지 불안할 때도 있지만, 한 손에 폭 감싸져 있는 병아리가 건강히 커서 나의 새벽을 깨워줄 멋진 닭이 될 것이라는 믿음으로 두렵고도 짜릿한 고민의 길에서 하나씩, 하나씩. 선택하며 자라나는 것은 아닐까.

붓을 내 평생의 동지로 삼자고 다짐하며
그에게 허심탄회하게 나의 마음을 다 토로했다.
한 획 속에 나의 개인적인 감정을 쏟아 내기도 하고
누군가의 마음을 대신 전하기도 하고
그와 함께 지구를 한 바퀴 여행도 했다.
지치지 않고 묵묵히 나와 함께 해준
붓 덕분에 내가 한층 더 성숙해진 느낌이다.

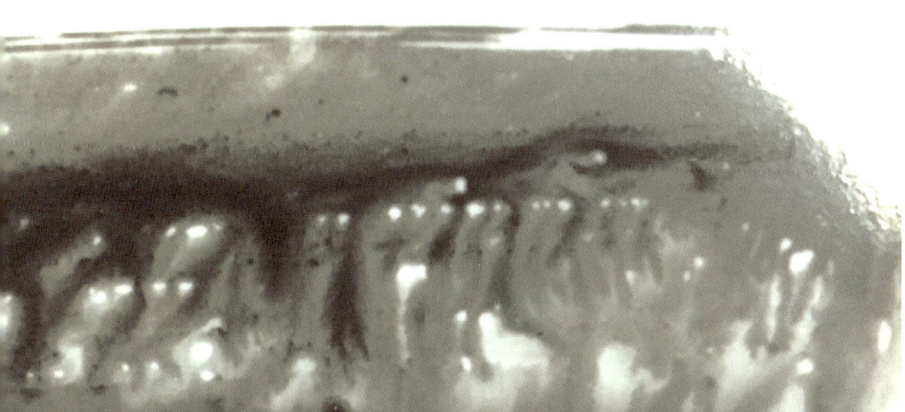

일희일비하는 그대에게

서예가 이동 이정화

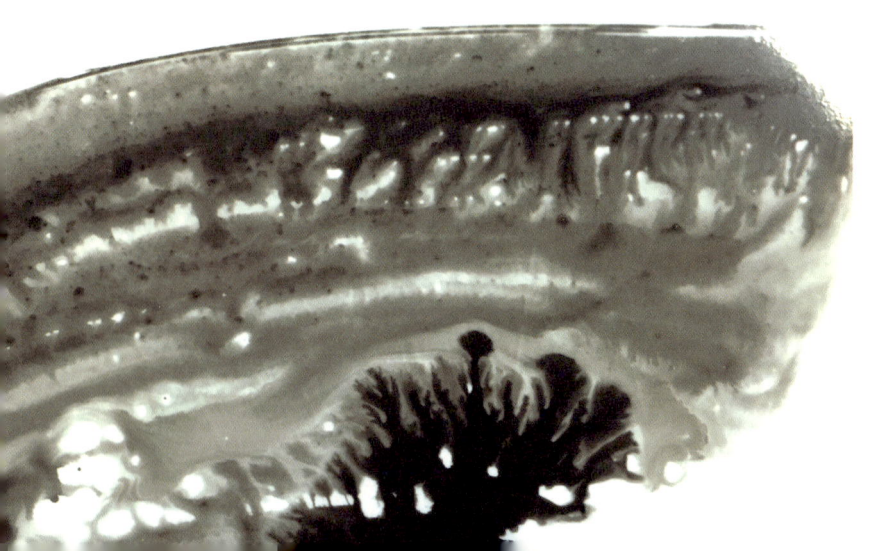

미생의
봄

"나는 지금껏 우물 안의 개구리였을지도 몰라."

그저 서예가 좋아서 어릴 적부터 해온 사람들, 서예가 좋아서 졸업 후 다시 학교를 들어온 사람들과 서예뿐만 아니라 한문에 관심이 깊은 사람들까지.

그 봄, 우리는 '서예'라는 공통점만 가진 채 한자리에 모여 앉아 서로를 관찰했다. 어릴 적부터 함께해왔던 학창 시절 친구들과는 도무지 나눌 수 없던, 서예에 대한 막연한 고민을 이해해 줄 사람들이었다. 주량만큼 필력이 상승한다는 말을 핑계 삼아 부딪힌 수많은 잔과, 정답 없는 예술에 대항하여 답을 찾고자 노력하던 논쟁의 시간까지. 그저 글씨 쓰는 것이 좋았고, 법첩 속에 있는 수많은 획을 공부하며 고민하던 우리였다. 그때의 우리는 파릇한 청춘이었고, 그 청춘의 가장 첫 페이지를 서예와 함께해 보기로 마음먹은 사람들이었다.

사회에 나와 그때를 다시 바라보니 이제 겨우 알을 깨고 나오려는 햇병아리들이었지만, 그때만큼 순수한 마음으로 서예를 오롯이 사랑하기란 쉽지 않을 것 같다.

시간이 흘러 졸업을 하고 개인적인 사정으로 서예계를 하나둘 떠나는 동료들의 모습이 너무 슬펐다. 그 어떤 이유라 할지라도 서운하고 서운했다. 그러나 다시 그때를 돌아보니 떠나는 그들의 마음은 어떠하랴. 그럼에도 불구하고 과감히 자신의 길을 선택하여 나아가는 그들을 나는 이제 진심으로 존경하고 응원한다.

새롭게 자신만의 작품을 만드는 지금의 그들은 마치 정체를 숨긴 스파이더맨과 닮아 있다. 그들은 어느 곳에 있더라도 화선지를 닮은 흰 바탕만 보면 손이 간질거릴 것이고, 바닷가 모래사장 위에서는 나뭇가지를 붓 삼아 글씨를 쓰며 주위 사람들에게 감동을 줄 것이다.

그 시절 우리는 우물 안 개구리를 닮은 스스로를 한탄했지만, 과감히 빠져보지 않으면 알 수 없는 우물 속 이야기를 온 세상에 자신만의 방법으로 전파하고 있다.

이보다 멋진 서예전도사들이 어디 있으랴, 자신만의 무대에서 최고의 작품을 만드는 예술가들.

마음
인서트

"조금만, 조금만 더 애절하게……."

감정이 다양하다는 것은 어릴 적 매우 큰 장점이었지만, 어른이 되니 그것은 '어른답지 못한' 단점이 되었다. 기쁠 때 웃고, 슬플 때 울고, 화가 날 때 화를 내는 것은 당연한 감정이지만 그 기복의 폭을 줄여야 한다고 했다. 물론 모든 상황에 아이처럼 감정을 표출하는 것도 썩 좋아 보이진 않지만, 이러다가 내 감정이 사라지고 언제나 무덤덤하면 어쩌나 문득 걱정이 든 적이 있다. 특히 예술을 꿈꾸는 사람으로서 감정이 줄어드는 것을 그저 바라보는 것은 나의 소멸을 지켜보는 것과 같은 마음이었다.

그런데 촬영장에서는 달랐다. 글씨를 아주 가깝게 찍는 '서예 인서트' 장면에는 감독님의 모니터 속 가득히 하얀 한지 위에 붓끝만 서 있다. 촬영장에서 감독님은 글씨의 내용보다는 현재 주인공이 처한 상황과 그의 마음 상태를 자세히 이야기해 주시고, 나는 붓끝에 감정을 싣고자 노력한다. 독화살을 맞은 상황이라면 점차 굳어가는 손으로 힘겹게 쓰고, 어쩔 수 없는 헤어짐 속 무너지는 마음을 꾹 참고 있다면 떨리는 손으로 쓰다가 감정을 주체하기 위해 붓을 잠시 멈추기도 한다. 말을 못 하는 주인공의 답답한 심경을 급히 전달하기 위해서는 매우 빠르게 쓰기도 하고, 사랑하는 사람을 위해 쓰는 연서는 아주 부드럽고 사랑스럽게 붓끝을 움직인다.

현장에서는 다양한 감정을 글씨로 표현하는 것이 큰 장점이었고, 누구도 그 감정을 어른스럽지 못하다고 하지 않고 오히려 프로답다고 이야기해 주었다. 특히 촬영장에서 마주하는 다양한 감정은 현실에서는 느껴보지 못하는 것들이 많기에 예술가를 꿈꾸는 나에게도 아주 큰 도움이 되었다.

우리의 마음속 어디엔가 돌덩어리처럼 딱딱하게 굳어가는 것에 '그래도 괜찮다.'는 빛을 비춰보면 단단한 껍질을 지닌 위대한 알일 가능성이 있다. 게다가 그 안에 새가 조용히 잠을 자고 있을지는 아무도 모른다.

드라마 촬영장에서

천천히,
더 천천히

"뭘 그렇게 예민하게 반응하니? 모두 다 자연인데. 아빠는 서예가 산이라면, 캘리그라피는 꽃이라고 생각해. 사실 너도 등산 가자는 말보다, 꽃 구경하러 가자는 말이 더 달콤하잖아? 같은 산 구경인데 말이야. 그렇게 차근히 산에 초대하다 보면 정상도 궁금해지고, 조금 더 깊은 산도 가려고 하겠지. 그런데, 미래의 가이드가 벌써 그렇게 자연을 가리면 쓰나."

흰 종이 위에 먹색의 글자가 아닌 휘황찬란한 색들의 글자들이 올라오고, 흐르는 물에 빨아서 쓰는 붓 대신에 뚜껑으로 열었다 닫는 붓펜이 점점 더 예쁨받으니 먼지 이불을 덮게 될 운명에 처한 문방사우가 안쓰럽게 보였다. 그때 아버지가 말씀해 주셨다. 그것 역시 '자연'이라고.

고인 물은 반드시 썩기 마련이다. 그러니 흘러가는 저 물을 아쉽더라도 흘려보내야 오래도록 맑을 수 있다. 시간이 지나도 변하지 않는 것은 오히려 더 위험하니까.

드라마와 영화에서 서예 자문을 맡으면서도, 21세기 예술가로 활동하시는 아버지의 붓은 30년이 넘도록 하루에도 몇 번씩 타임슬립을 한다. 사극 드라마와 영화 속 글씨들을 재현해 내기 위해서 조선 시대로 갔다가, 현시대의 사람들의 감성에 맞는 글씨를 위해서 디지털시대로 넘어오신다. 같은 붓으로 전통과 미래가 초 단위로 바뀌어도, 그 경계선은 보이지 않는 바람처럼 자연스럽다. 오롯이 마음과 마음을 연결하는 도구임을 잊지 않으시기 때문일까?

내가 서예를 본격적으로 시작하려 할 때 아버지가 말씀하신 것은 딱 하나다. 자외구서字外求書, 글자 밖에서 글씨를 구해라. 글자 안에 갇힌 마음을 더 깊고 멀리 꺼내는 것.

기본기가 다져진 이후로는 책상 안에서만 글자를 보지 말고, 고목의 나뭇가지에서 서예의 장엄한 획을 찾고, 흐르는 물의 움직임을 보면서 유려한 선을 찾아 리듬에 몸을 맡기는 것처럼, 마음의 움직임에 따라 붓이 자연스럽게 춤을 추게 하라고 하셨다.

인간이 만들어 낸 선을 고집스럽게 보지 말고, 자연이 오랜 시간 동안 지켜낸 획을 사랑하라고. 아주 천천히 그렇게 자연을 닮아가길 바란다고.

자연의 선

뿌리 깊은
인연

기다리고

또 기다리고

더 기다리며

계속 기다리는 촬영장.

기껏해야 3분 이내에 끝나는 컷을 위해 이동하며 길거리에 버리는 시간도 많고, 도착해도 끊임없이 기다려야 하는 것은 참 힘들다. 하지만 촬영이 끝나면 스태프들이 다가와서 서예가 이렇게 멋있는 것이냐고 칭찬해 주시는 그 3초에

신기하리만큼 하루가 충분히 보상되는 것 같다.

나에게 그동안의 드라마와 영화 중 가장 기억에 남는 작품을 물어본다면, 숨도 쉬지 않고 스물한 살 때 참여한 「뿌리 깊은 나무」를 이야기한다. 그 이유는 촬영 횟수가 많은 것뿐만 아니라 함께 드라마를 만들어간 스태프와 배우들 덕분이다.

나는 드라마 속 실어증에 걸린 궁녀 '소이'의 대필이었다. 말을 하지 못하는 그녀는 의사 표현을 필담筆談으로 했으니, 일주일에 최소 세 번 이상 촬영을 하러 갔다. 오후에 수원에서 학교를 마치고 늦은 밤, 일산부터 문경새재까지 정말 방방곡곡의 촬영장을 다녔다.

시간에 맞게 도착하더라도 두세 시간의 기다림은 필수다. 하나의 장면이라 할지라도 각도에 따라, 많은 사람이 출연하는 장면이라면 한 명 한 명의 모습을 모두 찍어야 하며, 촬영 도중에 더 좋은 아이디어가 생기면 그것에 맞춰 모든 스태프들이 움직이기 때문이다. 그럴 때면 한쪽 구석에서 촬영할 글씨를 미리 연습하기도 하고, 필요한 다른 서예 소품들을 미리 써놓기도 했다. 그럼에도 시간이 남으면 한쪽

구석에서 촬영에 방해가 되지 않도록 손전등 하나를 켜 두고 학교에서 하지 못한 과제를 하기도 했는데, 그것 역시 글씨를 쓰는 것이기 때문에, 스태프들과 대기하는 배우들이 신기해했다. 새벽이 깊어 온몸에 힘이 빠져 있으면 조연출 언니가 마련해준 자리에서 소품 이불을 덮고 잠이 들었다.

돌이켜보면, 전쟁터와 닮아있는 촬영 현장에서 나는 참 많은 배려를 받았다. 인서트 촬영은 대개 본 촬영 뒤에 이루어지기 마련이다. 예를 들어 눈물을 흘리면서 글씨를 쓰는 장면은 배우의 감정이 가장 중요하기 때문에 그가 감정을 잃지 않도록 감독님도 발언을 조심하신다. 가장 집중할 수 있는 분위기를 맞춰놓고, 그 모습을 대필자가 따라 하는 것이 일반적이다. 그런데 평일 새벽에 시간이 너무 늦어지는 날에는, 감독님께서 인서트를 먼저 찍자고 제안해 주시고 배우분도 흔쾌히 동의해 주신 적이 많았다.

그뿐만 아니라 늘 추운 현장에서 스태프들은 나를 위해 핫팩을 꼭 챙겨주셨다. 어느 날은 밤에 야외에서 하는 촬영이었는데, 역시나 너무 추웠다. 연출팀에서 핫팩을 하나 주셔서 주머니에 넣고 있었는데, 소품팀에서도 하나, 음향팀과 촬영팀, 의상팀과 조명팀까지 하나씩 주셔서 주머니가 용광로가 되었던 적도 있었다.

 이 깊은 인연은 지금까지 이어져서 함께하고 있다. 근 10년이 지난 지금에도 우리는 서로 각자의 자리에서 열심히 하는 덕에 여전히 촬영현장에서 만나고, 서로의 경조사에도 함께하며 삶의 일부분을 차지하고 있다.

"컷! 오케이, 끝내주네."

 이 짧은 감탄사를 위해 함께 소비했던 그들과의 수많은 시간. 우리의 삶에는 촬영과 비슷하게 순간을 위해 존재하는 시간이 많다. 끝을 위해서 꼭 기다려야 하는 시간들. 정말 힘들지만, 무의미하지 않다는 사실을 모두 알고 있다.

 온몸에 힘이 빠지는 어느 순간,
 그때 함께 시간을 나눈 사람들과의 마음이 자라서 나의 삶을 지탱해 줄 더 깊은 뿌리가 되어줄 것일 테니.

치밀함,
그 속의 자연스러움

 만개의 털로 이루어진 붓은 먹이 깊게 배어 먹빛이 짙게 빛나며, 모든 털이 한꺼번에 힘을 쓴다.* 무수한 털들이 하나의 획을 만드는 것에 집중하는 것이다. 근 십 년간 바라본 촬영 현장은, 수많은 털이 붓끝으로 모여 작품을 완성해내는 것과 닮아있다.
 전쟁터 같기도 하고, 번갯불에 콩보다 더 작은 것을 구워 먹는 것 같기도 하며, 무에서 유를 창조하는 마법 같기도 한 촬영 현장이다. 그곳에서는 나도 급작스럽게 일어나는 상황을 그들과 함께 맞추며 작업한다.

만약 'A가 서찰을 거의 다 완성해 가는데, 그 내용을 본 B가 분노에 차 서찰을 찢는다.'라는 대본의 지문이 나온다면 나는 과연 몇 장의 서찰을 써야 할까? A가 쓰는 모습을 찍기 위해, 서찰의 내용을 3등분으로 나누어 처음 중간 끝, 이렇게 세 버전으로 한 장씩 쓴다. 그리고 중간 부분은 인서트를 찍어야 하므로 최소 다섯 장 정도. 그리고 거의 다 완성된 서찰은 B가 구겨야 하므로 만약을 대비하여 열 장 정도 써야 한다. 같은 획이 한 글자 안에 들어가는 것도 피하는 서예가의 마인드를 벗어던지고 이때만큼은 복사기가 된 것처럼 같게 써야 한다. 아이러니하게도 이렇게 해야 작품을 완성할 수 있기 때문이다.

서찰 하나에도 이렇게 많은 상황을 생각해야 하는데, 나머지는 어떠하겠는가. 촬영 시에는 감독님의 "컷!" 소리에 수십, 수백 명의 스태프들이 얼음 땡 놀이를 한다. 아주 작은 소품 하나, 배우의 머리카락 한 올, 의상의 주름 한 줄과 창으로 들어온 빛의 각도, 개미의 숨소리와 떨어지는 촛농의 모습, 그리고 단역 배우들 걸음 한 보까지. 아주 깐깐해도 이보다 깐깐할 순 없다. 그들은 그런 치밀한 계산으로 최대한 자연스러움을 추구한다.

  모든 드라마와 영화는 세상이 조금 더 아름다워지길 바라며 만들어진다. 말랑말랑한 사랑 이야기를 하며 잊고 있던 사랑의 원초적 감정을 다시 생각하게 하고, 현실의 부조리한 상황을 픽션이라는 가면을 통해 따끔한 충고를 하기도 한다. 조금은 우울하고 무서운 이야기라도, 그 안에는 아름다운 세상을 바라는 마음을 담고 있다.

  한 시간에서 길게는 세 시간까지, 그 속에 수많은 사람이 모으고 모은 무수한 시간이 가득하다. 그런 모습을 보고 있노라면, 예술가로 불리는 나의 하루는 과연 더 나은 세상을 위해 온전히 바쳐진 적이 있을까 싶은 마음에 부끄러워진다. 오히려 나에게는 '이 정도면 괜찮지.' 하고 넘겨버린 습작들이 무수하다.

  바람처럼 눈에 보이진 않지만, 선명히 느껴지는 화면 속 진정한 예술가들. 촬영장에서 그들을 보면서 작은 점이 모여 거대한 작품이 완성됨을 진심으로 느끼고 있다.

---

* 漿深色濃 萬毫齊力. 王僧虔,『筆意贊』

촬영장에서

별들의
뒤태

 먹은 수많은 색을 머금고 있다. 정열적인 태양의 붉은 색과 더 깊게는 태양이 있기 전, 암흑의 색을 담고 있는 것이다. 그렇기에 먹색을 현색이라 한다. 까맣게 보이지만, 흑색黑色이 아닌 현색玄色. 정확히 정의 내리기 어려운 우주의 색을 닮아있다. 먹의 색은 벼루 안에 물이 어느 정도가 있는지. 그 물에 먹을 어느 정도의 힘으로 갈았는지에 따라 색이 천차만별이다. 다시 말해 먹이 가지고 있는 고유의 색뿐만 아니라 먹과 벼루를 마찰시키는 작가의 손길이 가장 중요한 것이다.

소나무의 향을 하나로 응축시켜 완성된 먹처럼, 수백 명의 스태프의 마음을 하나로 응축시켜서 빛을 내는 스타들. 그 모습은 은은하게 빛나는 먹빛과 닮았다. 그런 스타들의 뒷모습 역시 빛이 나는지, 혹은 그 빛을 받아내느라 타들어 간 속은 어느 정도 인지 우리는 실시간으로 알고 싶어 한다. 하지만 그 전에 그들이 아주 작은 감정에도 깊이 빠질 수 있는 '사람'이라는 사실을 결코 잊지 않길.

　그들은 늘 쓰는 평범한 말 한마디 일지라도, 모든 사람의 마음이 와 닿을 수 있도록 몰두하는 사람들이다. 작은 것의 위대함을 누구보다 잘 알고 있는 사람들이기에.

　그들이 밤하늘의 별처럼 영원히 예쁘게 빛나는 모습을 보고 싶다면, 그들을 대하는 우리의 손길이 가장 중요하지 않을까.

Episode 1. MBC 드라마 <동이>

동이(한효주 배우)역 - 40회

"빨리, 더 빨리!"

 이병훈 감독님께서 다급하게 몰아치신다. 이렇게 빠르게 써도 되는가, 아주 긴급하게 암호를 풀어내는 장면이기에 더 빠르게 쓰라는데, '에라, 모르겠다!' 하는 심정으로 정말 휘갈겼다. 그제야 오케이 신호가 나며, 멋지다는 피드백을 받았다. 내가 생각하기에 글자는 엉망인데, 멋있다니……. 그렇게 어안이 벙벙하며 첫 데뷔를 했다.

Episode 2. SBS 드라마 <뿌리 깊은 나무>

소이(신세경 배우)역 - 12회

"잊어야 네가 살아, 그만 잊고 살아……."

 아픈 기억을 안고 살아가는 소이가 안타까워 건넨 친구들의 그 한마디를 같은 톤으로 몇 시간씩 들어도 처음 듣는 것처럼 종일 눈물을 흘리는 배우. 실어증에 걸린 주인공이기에 그들에게 건네는 이야기는 종이 위에 이루어졌다.

"난… 잊을 능력이 없어."

이 한마디와 함께 펑펑 흘리는 그 눈물을 나도 몇 번이고 쏟을 수 있으리라 생각했지만, 몇 시간 동안 같은 대사와 같은 표정을 지켜보면서 나의 눈물샘은 점점 말라갔다. 결국 감독님과 함께 콜라보로 서예 인서트를 진행했다. 나는 답답하고 처연해 하는 그녀의 마음을 담아 빠르게 써 내려갔고, 내 손 위로 감독님이 인공 눈물을 한 방울씩 떨어뜨리셨다. 역시, 편집의 힘은 대단했고 아직까지 손꼽히는 장면 중 하나가 되었다.

Episode 3. SBS 드라마 <뿌리 깊은 나무>
소이(신세경 배우)역 - 24회

몹시 추운 겨울의 어느 밤 동굴 속이었다. 온몸에 독이 퍼져가는 순간에 자신의 속치마를 찢어서 머릿속에만 저장

시켜 놓은 훈민정음해례를 천 위에 남기는 소이의 마지막 모습을 촬영했다. 독이 퍼지는 모습을 표현하기 위해서 오른손과 왼손에는 시퍼렇게 분장을 했고, 끈적이는 액체로 피를 표현했다. 그리고 인서트를 찍어야 했기에 배우와 마찬가지로 하얀 속저고리 한 장을 위에 입어야 했는데, 날이 정말 너무 추웠다. 배우는 프로답게 연기를 이어갔지만, 도저히 나는 아니었다. 그 모습을 본 카메라 감독님께서 어차피 손만 나오니 속저고리를 앞으로 뒤집어서 조금이라도 따뜻하게 입으면 어떠냐고 해주셨고, 정말 특이한, 아니 괴상한 모습으로 촬영을 마쳤다. 독이 퍼져서 손이 덜덜 떨리는 모습이 잘 표현되었다고 했지만, 그 떨림은 연기가 아니라 추위에서 나온 실제였다.

Episode 4. tvN 드라마 <미스터 션샤인>
고애신(김태리 배우)역 - 9회

"보고십엇소."

애신이 공책에 살포시 적어 유진초이에게 건넨, '보고십엇소'라는 짧은 문장. 대필을 한 지 거의 10년 만에 처음으로 화면 속 나의 글씨를 정확히 기억하며 정말 좋아한다고, 써주시면 안 되냐며 요청한 사람들도 많았다. 그 환상을 깨트릴까 봐 조금 무섭지만 사실 그 내용은 직접 서책에 쓴 것이 아니다.

급박히 움직이는 현장 스케줄로 인하여 서책 위에 써서 보낼 시간도 없어서, 스캔이 잘 떠지는 A4지 위에 급히 쓴 후, 스캔하여 메시지로 제작진에게 보낸 것이다. 정말 대한민국은 역시 IT 강국. 서책 위에 그 어떤 위화감도 없이 선명히 적혀진 글씨를 보면서, 안방 1열의 나는 혀를 내두르며 손뼉을 쳤다.

Episode 5. tvN 드라마 <미스터 션샤인>
고애신(김태리 배우)역 – 15회

남종 : "와, 필체가 한석봉 저리 가라입니다. 애기씨!"
애신 : "(뿌듯해하며)과찬이다."

남종 : "사내 같다는 뜻이었습니다."

　이 대본을 보고는 흠칫 놀랐다. 사실 나도 글씨가 남자 같다는 이야기를 자주 듣는 편이다. 그래서 이때 작은 부담도 없이 편하게 내 필체로 쓰다가, 사랑하는 사람 앞에서 꽃 같아지고 싶은 여인의 마음을 담아 훨씬 얇고 부드럽게 썼다. 그러자 단번에 오케이 컷이 났다. 이때는 정말 애신이 된 것 같은 기분에 표현하기 힘든 희열을 느꼈다.

눈을 감고
눈을 뜨게

스물셋,

나는 전통예술을 지키려는 마음을 가진 다섯 청년과 함께, 열다섯 개의 나라를 다니며 '아리랑'을 알리기로 했다. 떠나기 전, 캐리어에 문방사우와 한복 등을 가득 챙기고 마음에는 딱 하나의 다짐만을 심었다. '나는 서예 국가대표야. 모든 시선을 서예와 예술에 빗대어 바라보자.'

그리고 세 번째 국가인 요르단에서 만난 두 가지 일을 통해 내가 잊지 말아야 할 서예의, 아니 예술의 본 모습이 무엇일지 성찰하게 되었다.

첫 번째 일은 페트라에서 일어났다. 페트라는 교역의 중간 기착지였다. 아랍계 유목민인 나바테아인이 건설한 고대 도시이며, 영화 〈인디아나 존스〉의 배경으로 나와 세계적으로 유명한 곳이기도 하다. 도시 안쪽으로 들어가면 원형극장이 있는데, 그곳에서 우리는 영상을 찍기 위해 한복을 입고 움직였다. 그곳은 모래바람에 눈을 뜨기조차 힘든 곳이었다. 그런데 갑자기 우리에게 엽서를 팔고 있는 한 아이가 다가왔다. 페트라가 프린트되어 있는 사진 엽서를 내밀며 1달러에 사달라고 했다. 하지만 지갑을 차에 두고 최소한의 짐만 가지고 온 탓에 현금이 없어 미안하다고 하니 그 아이는 우리를 한참을 바라보다가 엽서 한 장을 내밀었다.

"착한 사람들 같아서요. 페트라가 주는 선물이에요."

조그마한 그 소년의 맑은 눈에 나는 어떻게 비쳤을지, 얼굴이 새빨개졌다. 그렇지만 빨개진 내 볼에 부딪히는 모래바람은 더는 따갑지 않고 매우 보드라웠다.

페트라 아기산타의 선물

페트라에서 아리랑을 담아내다
photo by 문현우

두 번째 일은 자르카 장애학교에서의 일이다. 요르단의 어버이날이라 불리는 Mother's Day였고, 팀원들은 그들을 위해 공연을 준비했다. 준비하는 시간 동안 아이들의 볼과 이마, 팔과 손등에 아리랑과 태극무늬를 담아주었다. 글씨가 잘 써지도록 가만히 기다리는 아이들의 뽀얀 볼 위에서 움직이는 붓은, 그 어느 화선지에서보다도 더 부드럽게 춤을 추었다.

이윽고 아리랑 공연이 이루어졌다. 그들은 들어본 적도, 심지어 가사도 모르는 노래에 열광적이었다. 나의 마음이 오롯이 적힌 아이들의 환한 볼이 행복으로 가득 차며, 손등에 적혀진 글씨들이 춤을 출 때에는 너무나도 가슴이 벅찼다.

사람들의 감정을 움직이고, 세상이 조금 더 따뜻한 곳이 될 수 있도록 자연의 선을 보여주는 것이 서예가가 지녀야 할 마음의 전부인데, 그 속에 욕심을 더해서 '이왕이면 더 멋진 전시장에서!', '이것보다는 더 화려한 액자로!' 작품을 꾸미려 했던 마음들이 부끄러웠다.

페트라의 모래바람에 날아온 예쁜 요정과 자신의 감정을 가감 없이 표현해준 자르카의 천사들이 화려함에 혹해서

육안肉眼에 가득 낀 눈꼽을 떼어내 주고 심안心眼에 더 집중할 수 있게 소리 없는 가르침을 주었다.

모든 시선을 서예와 예술에 빗대어 보자고 다짐한 내가 놓치지 말아야 할 것이 무엇인지 깊게 생각해 보게 된 날들이었다.

자르카 천사들과의 행복한 시간
photo by 박준영

이유가
있다

"작가는 자신의 작품에 대하여 적극적으로 표현해야 해. 전문적인 평론가가 있다고 하더라도 그 작품을 가장 잘 아는 것은 작가니까. 그런 부분에서 서예는 한없이 부족한 것 같아. 작가가 하는 작품 PR은 절대적으로 필요한 부분이야."

작품에 대한 설명을 작가가 직접 나서는 것은, 오히려 작품을 깎아내리는 것이라는 이야기를 들은 적이 있다. 그것은 어찌 보면 관람자들에게 생각의 여유 공간을 주지 않는 것이기에. 그래서 작품의 제목 역시 '무제'인 경우도 더러 있다. 나 역시 그런 주장에 고개를 끄덕이기도 했다.

그런데 학부 시절, "작가라면 더욱 적극적으로 작품을 어필하라."라는 디자인과 교수님의 아주 반대의 말씀이 가슴 깊게 와 닿았던 적이 있었다.

세계 일주 때, 영국 내셔널 갤러리에서의 일이다. 팀원들과 함께 작품을 관람했다. 사실 관람이라기도 민망한 '둘러보기' 정도였다. 멋있고 화려한 작품들이 많았으나 예대생으로서 팀원들에게 당차게 이야기해 줄 수 있는 것은, "이 색이 검은색처럼 보이지만, 안에 빨간색이 섞여 있을 거야." 정도였다. 잠시 점심을 먹고 다시 들어온 갤러리. 이번에도 의미 없는 걸음을 계속할 수 없어서, 오디오 가이드를 하나 빌렸다. 리더가 오디오 가이드를 듣고 작가가 어떤 생각으로 작품을 했고, 완성할 당시에 어떤 상황이 있었는지 우리에게 설명해주었다. 우리는 그의 목소리를 통해 작품을 천천히 음미했다.

그런 측면에서 바라보니 서예는 글자를 쓴 것임에도 불구하고, 지금까지 대중과 많은 소통을 하지 못했던 것은 우리가 조금 더 솔직하지 못하고, 친절하지 못했기 때문이었음을 알게 되었다. 좋은 예시로 국보 180호인 세한도歲寒圖가 떠오른다. 세한도를 알지 못하고 바라보면 단순히 나무에 집 한 채 그린 매우 간단한 그림처럼 보일 것이다. 그러나 그 그림은 귀향을 떠나 아무도 없는 자신의 곁을 변함없이 지켜주는 애제자 이상적을 위해 추사 김정희 선생의 마음이 담긴 작품이다. 날씨가 추워진 뒤에야 소나무와 잣나무가 늦게 시듦을 알 수 있다˚는 논어의 구절을 생각하며 마음을 담아 초라한 집 한 채를 묵묵히 지켜주는 소나무와 잣나무를 그렸다.

시 하나 고를 때에도 절기에 맞게 고르며, 분위기에 맞는 필체를 쓰려고 노력하고, 획 하나에도 큰 의미를 두고 썼으면서 그것을 왜 설명하려 하지 않았을까. 종이와 먹, 그리고 붓을 골랐을 때도 분명한 이유가 존재했으면서.

유유有由 까닭이 있다. 하나의 점을 찍고 획을 그을 때 아무 이유 없이 붓을 휘둘러서는 안 되며 이유가 있어야 한다.˚

굳이 글씨가 아니더라도, 우리가 살아가면서 생기는 모든 일에는 아주 작더라도 분명한 이유가 있다. 생명체가 밥을 먹고 잠을 자는 것도 건강한 삶을 위해서이고, 길가에 핀 민

들레도 씨앗이 자라 자신의 생을 충실히 살아내기 위해서
인 것처럼.

  이 세상에 무제로 태어난 생은 없다.

  내 삶의 이유를 누군가와 소통한다면 세상은 더욱

  예술에 가까워질 것이다.

•寒然後知松柏之後凋.『論語』
•下筆有由. 孫過庭,『書譜』

존재의 이유

욕심欲心과
욕심慾心 사이

　작품을 위해 벼루에 물을 붓고, 먹을 꽉 쥔 후 있는 힘을 다해 갈았다. '최선을 다하자'는 마음으로.

　적은 물의 양과, 넘치는 손의 힘으로 사색할 시간도 없이 금방 글을 쓰기 좋은 먹색이 되었지만, '조금만 더'를 외치며 멈추지 않았다. 그러자 농도는 너무 짙어져 결국 물을 더 부었다.

　그런 때가 있다. 최선을 다했는데 펼쳐진 결과는 도리어 원점일 때. 아니, 오히려 원점이면 다행일 때. 이런 경우 대부분 최선船이라는 배를 움직이는 방향키를 놓친 것이다.

그 방향키는 마음이라고도 불린다. 그러니 마음의 움직임을 어디로 쓰느냐에 따라서 배가 무사히 보물섬에 도착할 수도 있고, 도중에 무시무시한 해적을 피하지 못할 수도 있다.

간절한 마음에, 괜한 마음을 더하지 않기를. 물을 다시 벼루에 넣은 후에는, 적당한 힘으로 먹을 쥐고 천천히 변화를 살폈다. 괜한 마음을 버리고, 간절한 마음만 살피며 욕심欲心을 넘어서는 욕심慾心은 더는 부리지 않도록.

구름산의 경계

'종이는 인간보다 더 잘 참고 견딘다.'
- 안네 프랑크

  서운한 마음이 들었다. 하지만 상대방에게 직접 말하기는 초라해서, 종이 위에나마 기록해 두려고 붓을 들었다.

  옳지 못한 마음을 자신의 생生 가득 적혀야 하는 종이는 탐탁지 않았을 텐데, 눈 한번 흘기지도 않고 어린 내 마음을 가만히 담아내 주었다. 끝내, 작품이라 하기엔 부끄러운 한 줌의 마음이 종이 위에 깊게 박혔다. 그 마음을 가만히 바라보니, 잘 만들어진 한지는 그 수명이 오천 년을 가고 먹빛은 바래지 않고 도리어 아름답다는 것이 문득 떠올랐다.

  겁이 났다. 이 부끄러운 마음도 운이 좋아 오천 년의 세월을 건디게 되면 어쩌나, 빛나는 먹색이 창피해하면 어쩌나, 쓰는 순간에도 마음 한 모퉁이에서 이렇게 찔리는데, 작은 가시가 커져 칼이 되면 어쩌나.

  모자란 나의 마음도 담아준 종이에게 미안했지만 그를 고이 접어서 압지들이 모여 있는 곳으로 옮겨두었다. 누군가를 미워했던 어린 나의 마음이, 다른 마음의 눈물을 닦아주며 조금씩 커나가길 바라며.

춤추라,
아무런 흔적이 남지 않는 것처럼

아버지께서 말씀하셨다.

'서예는 종이 위의 무용이고, 악보 없는 음악.'이라고.

 큰 작품을 하시는 날, 나는 서동書童이 되어서 글씨를 아주 가까이 마주하게 되었다. 그러자 붓의 스텝이 눈에 띄었다. 이곳에서 '하나', 그 아래로 살포시 이어져 '두울' 띄고 '셋'. 종이 위에 표현된 붓 자국은 마치 땅의 기운을 받기 위해 깊게 지르밟는 한국무용의 디딤을 닮았다.

 한국무용을 전공한 친구가 춤에서 가장 중요한 것은 단전의 호흡을 놓치지 않도록 유지하며 정중동靜中動을 지키는 것이라

하였다. '춤의 결은 곧 마음의 결이다.'라면서.

그 춤의 결을 붓으로 옮겨 가만히 바라보니, 그녀가 사실은 저 모습을 보고 이야기한 것은 아닐까 싶을 정도로 춤과 닮았다. 단전의 호흡을 지키기라도 하듯 바르게 서서 때로는 고요하게, 때로는 격동적으로. 응축된 마음을 여한 없이 풀어헤치며 지워지지 않는 자신의 지난 흔적을 부끄럼 없이 기록하려 하고 있다.

온 생生을 바치며 돌이킬 수 없는 춤을 오로지 마음결에 맡기며 춘다. 땅의 기운을 받아 하늘로 날아갈 수 있도록, 까만 먹빛이 눈부시게 빛날 수 있도록.

한번 보고 말 사이, 그러니까

'일단, 이 한 장은 연습 삼아서.'

작품을 하기 전, 대략적인 구도를 잡기 위해서 종이를 펴 보니 언제 묻은 것인지 모를 먹물 자국이 선명히 있었다. 조금 신경 쓰이긴 했지만, 첫 장은 연습 삼아 써보려는 것이니까, 큰 상관없지, 하며 붓을 움직였다.

한참 동안 수십 장의 종이가 희생되었지만, 쓰면서도 자꾸 첫 번째 쓴 글씨가 눈에 아른거렸다. 그러나 어떤 이유를 가져다 놓아도 출처 없는 저 먹물과 전체적인 내용이 어울리지 않기에 아른거려도 도리가 없었다. 이렇게 오래도록 밟힐 마음이 될지도 모르고 '어차피 지나갈 한 장의 종이일 뿐이니까.'라고 여긴 내 마음이 야속했다.

'그냥 한번 써본' 첫 장을 꺼내 가만히 바라보니 '그냥 한번 보고 말 사이'라며 단정 지었던 만남들이 떠올랐다. 어쩌면 한번 보고 말 사이니까, 그러니까 더 마음을 다했어야 하진 않을까. 우리가 함께한 그 짧은 시간 동안 상대방의 눈동자에 비쳤던 내 모습이 그가 평생 기억할 나의 모습이 될 것을 왜 알지 못했을까.

먹물이 묻어있어 더는 돌이킬 수 없을 것을 알면서도 나의 마음만을 사정없이 밀어붙이며 써 내려갔던 저 종이처럼, 쉽게 스쳐 지나갔던 인연들에 했던 나의 가벼운 행동들이, 지워지지 않을 멍울이 되어서 마음 한 부분을 쿡-찌른다.

내가 가는 이 길이
어디로 가는지

　실수로 벼루에 물을 쏟다시피 부어버렸다. 고작 내 손에는 엄지손가락만 한 크기의 먹뿐인데

　'투명한 이 물이 우주의 색을 오롯이 띨 수 있게 할 수 있을까?'

　'안될 것 같은데, 물을 조금 빼야 할까?'

　'이 먹은 작으니까 더 큰 걸 찾아봐야 하나?'

　'갈다가 먹이 모자라면, 지난 시간이 아까워서 어쩌지?'

　걷잡을 수 없이 자라나는 생각의 꼬리를 잘라내고, 손을 움직여 먹을 갈았다. 그러자, 걱정과는 달리 먹빛도 적당한

아름다움을 내뿜었고, 먹 또한 많이 남았다.

아르헨티나의 이구아수 폭포를 보러 갔을 때도 그랬다. 나이아가라의 몇 배나 되는 폭포가 몇 미터 앞에 있다고 했지만, 한참을 걸어가도 정글 같은 분위기에 물이라고는 온통 미역국을 닮은 잔잔한 개울물뿐이었다. 걷고, 걷고 또 걸어도 나오지 않는 폭포 생각에 '이 길이 맞는 걸까?, 잘못된 길을 가고 있는 것이라면 어쩌지?' 하며 의심만 가득했다.

하지만 작은 숲을 지나니 웅장한 폭포가 쏟아졌다. 그 모습은 마치 녹차 케이크 위에 생크림이 아래로 떨어지는 것 같았다. 그 작은 개울물들이 없었다면, 거대한 폭포는 나오지 못했을 것이다. 그리고 의심이 증폭되어 더 가지 않고 도중에 포기하고 돌아섰다면, 이구아수 폭포가 녹차 생크림 케이크를 닮았다는 것을 알지 못했을 것이다.

생각에게 쉼을 주지 않고 무작정 저질러 감당하기 어려운 경우도 있지만, 어떠한 생각은 너무 깊어 빠져나오지 못하는 블랙홀이 된다. 그러다가 제 소임을 다 하지 못하고 사라져 버리는 때도 있다. 의심에게 만큼은 희망을 떠먹여 주지 않기를, 여전히 앞은 보이지 않더라도 일단 한 발 더 내디뎌

보기를. 또다시 벼루에 물이 가득 차 있는 상황이 오더라도 차근히 먹을 갈아 볼 용기가 생겼다.

미역국을 닮은 개울물
photo by 박준영

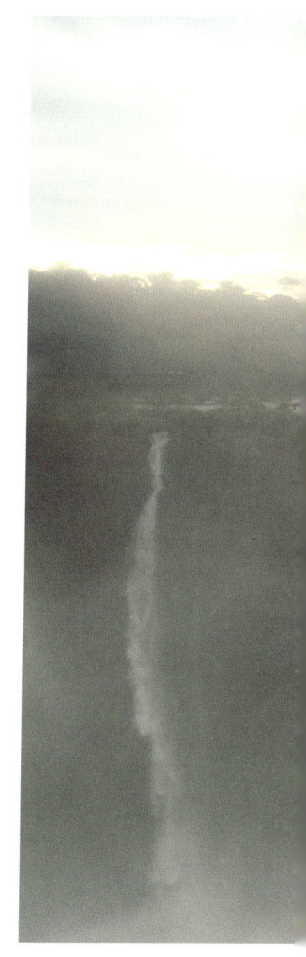

녹차 생크림 케이크를 닮은 이구아수 폭포
photo by 박준영

마지막 인사

 마음에 드는 글씨가 나오지 않아서 몇 장의 종이를 계속 쓰다가, 며칠 전 헤어지게 된 나무 한 그루가 머리를 스쳤다. 이유는 모르겠지만 언제부터인가 눈에 밟혔던 한 생명이었는데, 며칠 전 그의 마지막 모습을 목도했다.

 커다란 굴착기가 그의 온몸을 뒤흔들고 뿌리를 뽑아가고 있었다. 나는 그와 눈이 마주쳤지만, 마음속으로 '잘 가.' 하며 도움이 되지 않는 인사만 할 뿐이었다.

 만약 그가 깊은 산중에 뿌리를 내렸더라면, 이런 잔인한 마지막을 겪지 않았을까? 그러나 그가 이곳에 있어 주고 내

눈앞에서 떠나준 덕에, 내가 어디까지 생명이라 여기고 아파하는지 알 수 있었다. 어찌 보면 이런 마음이 그들을 뽑아간 사람들보다 더 이기적인 마음일지도 모르겠다. 하지만 그렇게 아픈 이별을 복기하고도, 결국 또 한 장의 종이를 꺼내 오는 나를 보며, 나의 욕심에 의해 그들 삶을 허비하고 있다는 사실에 마음이 아팠다.

나에게도 마지막이 오게 된다면
너의 품에 안겨 용서를 구할 수 있기를.

나무 한 조각

마음이
마음에게

"정화 씨, 세상이 소리 나는 곳에만 주목하죠?"

바다 건너온 메시지 한 통에, 느닷없이 왈칵 눈물이 쏟아졌다. 화려한 색채보다 가물한 먹색의 아름다움을 여기저기 알리겠다고 호언장담했으나, 제자리에서 여전히 박제 당하고 있는 것 같은 그의 모습에 미안했다. 충분히 빛날 수 있는데, 내 욕심의 덫에 걸려 색이 까맣게 타들어 가는 것 같았기에.

하지만 그런 마음은 밖으로 꺼내 봤자, 까맣게 멍든 마음을 내놓는 것 같아서 애써 표현하지 않으려 했지만, 마음이 전해지는 또 다른 길이 있는 것인지 세계 일주를 하며 미국에서 만났던 선생님께로 어느새 날아간 모양이다.

"모든 삶이 그렇듯, 나 역시 속이 울렁이는 삶 속에서 언제나 헤엄친다."라는 선생님의 말씀이 마음속 깊게 퍼져, 메말라가는 먹빛에게 한 모금의 귀한 물이 되었다.

그러나 시간이 지나게 되면 나는 또 분명히 이와 같은 고민을 다시 안고 뜬 눈으로 허망한 새벽을 보낼 날이 있을 것이다. 하지만 이제는 '이건 지나가는 하나의 파도일 뿐.'이라고 생각할 수 있다. 그러다 보면 어느 날에는 휘몰아치는 파도 앞에서 느닷없이 몸을 적셔도 그 위로 올라타 서핑을 생각할 여유가 점차 생기지 않을까?

선생님께서 적어주신 한 마디가 시공간을 뛰어넘어서 바람에 지쳐 쓰러져 가는 한 그루의 나무를 세워주는 걸 보면, 아무렴 글의 힘은 세다.

선명한 마음빛

양날의
붓

  어느 봄날, 강연에서의 인연으로 법원장님께 초대를 받았다. 법원과 재판장을 한 바퀴 구경하고 나서 집무실에서 담소를 나누었는데, 그곳에서 법이 세상에 존재해야 하는 이유를 들을 수 있게 되었다.

  "죄를 짓고 누군가 이 문을 고개 숙인 채 열게 되겠지만, 그에게 벌을 내리는 것보다 그를 참된 삶으로 교화시키는 것에 목적을 두어야 해요. 그리고 그 사람의 마음에 가장 깊게 스며들게 하는 것에는 예술이 제일이지 않을까요?" 법원장님의 철학을 대변이라도 하는 듯, 법원 곳곳에는 작품들이 많이 걸려있었다. 마음을 말랑거리게 하는 작품들이 냉철하게만 보였던 법원과 꽤 잘 어울렸다.

"나에게 남들이 두려워할 만한 무기가 있다면, 그것을 내 이익을 챙길 때 쓰는 것이 아니라 다른 사람이 위험에 빠졌을 때 도와주기 위해 써야 한다."
-영화 〈호빗〉 中-

영화 〈호빗〉에서 간달프는 호빗에게 칼을 건네주면서, 이 무기로 자신을 지키는 것이 아니라, 위험에 빠진 남을 돕기 위해 써야 한다고 했다. 그에게 무기의 진정한 사용법을 익히게 한 것이다. 같은 물이라 할지라도 꽃이 마시면 열매가 맺히고, 독사가 마신다면 독이 되는 것처럼.

나의 오른손 가장 가까이에 누워있는 붓을 바라보았다. 가지런히 모여 있는 붓끝. 그 끝으로 써 내려간 자리에서 사람을 살리기도 하고 처참히 생을 마감하게도 할 수 있으니, "붓은 칼보다 강하다."는 말이 다시금 와닿는다. 부디 그가 머금게 되는 먹빛이 누군가의 마음속에 들어가 까맣게 그

을리지 않고, 각자의 우주가 펼쳐질 수 있도록 도울 수 있기를 바란다.

나는 너,
너는 나

    4박 5일 동안 항해를 하기 위해서 짐 가방에 제일 먼저 넣은 것은 벼루와 먹, 그리고 붓과 화첩이다.

    바다는 좋아하지만, 물은 무서워하는 나에게 이번 항해는 바닷물과 깊게 대화할 좋은 기회였다. 짐 한구석에 넣었던 책과 이어폰은 도로 빼내었다. 그 시간에 바다를 집중해서 바라보고, 듣고 싶어서. 바다는 그 누구라도 상관없이 다 받아줄 요량인 듯 무향 무취였다. 모든 고민을 아주 맑은 바람으로 사라지게 해 준 덕에 나는 그저 망망대해 위에서 '이따 뭘 먹어야 하나' 하는 걱정만 했다.

어둠 속에서의 수많은 걱정, 사람들과의 관계 걱정, 앞날 걱정 하나도 없이. 그저 밥 생각만.

바다는 존재만으로도 많은 것을 가르쳐 주었다. 마치 숨을 쉬며 살아가는 오늘을 충분히 만끽하라는 듯. 육지를 떠난 바다에서는 짠내가 전혀 나지 않았다. 고마운 마음에 바닷물을 벼루에 살포시 담아 먹을 갈아서 붓을 통해 화첩 가득 퍼뜨렸다.

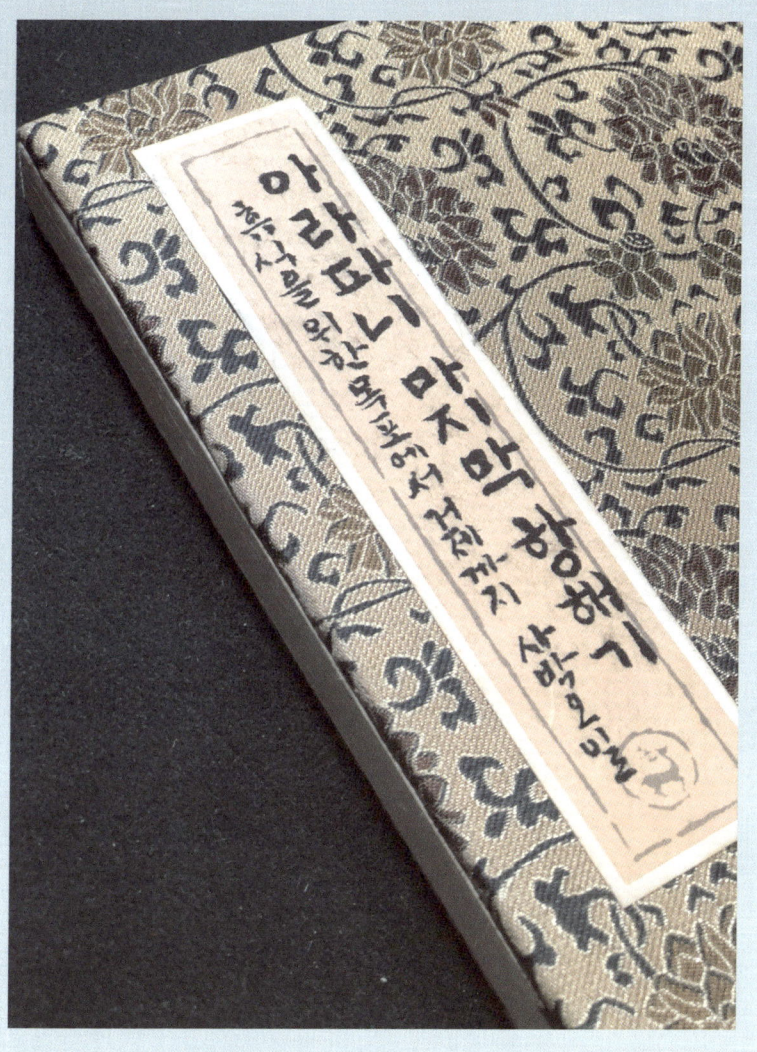

Episode 1.

모든 인원이 모였지만 배의 이곳저곳을 체크한 후, 다음 날 아침에 출발하였다. 배가 항구에 있으면 안전하지만, 항구에 정박해 두려고 만들어진 것이 아니라는 이야기가 있다. 하지만 배는 항구에 있어야 하는 이유가 분명하다.

더 넓고 깊은 곳을 가기 위한 항구에서의 준비과정. 무엇이든 시작과 동시에 이루어지지 않더라 하더라도, 조급해하지 않을 용기를 배웠다. 더 넓게 가기 위함임을, 다 이유가 있음을. 배는 항구에 있어야 하는 이유가 있다.

Episode 2.

배 꽁무니에 앉아서 앞으로 나아가는

배의 뒷모습을 보니,

지나간 자리에 잔잔한 파도가 일렁이고 있었다.

그 모습은 마치 작은 섬들을 닮아있는데,

바다가 그 파도를 폭 껴안으며 나에게 말을 걸어왔다.

바람을 통해 많은 섬이

태어나고 사라지며 길을 만든다.

그러나 그 발자취를 안으며

바다가 말하기를

"지나간 것은 여기 다 놓고 그저 앞으로, 앞으로."

꽃은 향기로
다 같으로
나무는
꽃으로

밤을 통해
낮은 길을
램프는
갈을 삶에
말들
그러나
밖으로
밝혀지를
밥자
말하기를

Episode 3.

항해를 하며 두 마리의 만새기를 낚았다.
회를 뜨고 난 뼈는 바다로 보내주었다.
바다에서 태어나, 바다로 돌아간 것이다.

물고기는 바다였고, 바다는 물고기였을지 모른다.
자연은 인간이었고, 인간은 다시 자연이 될 것이니,
우리는 모두 서로가 되어간다.
붓에 먹물을 묻혀 종이 위에 두었더니
파도가 출렁이며 수평선으로 자화상을 그렸다.

나는 너였고, 너는 내가 될 것이다.

낡은 역 너는 내가 될 것이다

가을

책에 있는 좋은 시들을 옮겨 적는 것만이
서예의 모든 것이 아니라는 것을 알았다.
땅에 떨어진 작은 돌멩이와
시멘트 사이에 꿋꿋하게 피어있는 꽃들과
자신의 길을 묵묵히 거닐어 가는 사람들까지
그 속에 있는 진정한 예술들을 종이 위에 붓끝으로 담아내고 싶었다.

일희일비하는 그대에게

서예가 이청 이청화

연지硯池에서 피어난
그대 마음 한 송이

어느 아무 날, 생각지도 못했던 친구들에게 꽃 한 송이를 선물 받았다. 그것도 먹빛이 가득 담긴 예쁜 꽃을.

문방사우라고 불리는 종이와 붓, 그리고 먹과 벼루. 이 네 친구와 함께 지낸 지도 스무 해가 훌쩍 넘었다. 나는 그들을 처음 만났던 일곱 살 때 보다 키도 크고, 얼굴도 변했는데 이들은 처음 만났던 그 모습 그대로 여전하다.

하지만 어릴 적에 읽던 동화책이 성인이 되면 또 다른 방향으로 보이는 것처럼, 예전에는 그냥 사용하기 바빴던 문방사우가 해를 거듭할수록 다양한 이야기를 해주고 있다.

머릿속에 둥둥 떠돌아다니는 생각들을 붓끝에 모아 종이 위에 묶어두고 오래도록 이어질 수 있다는 매력을 넘어, 그들이 나를 위해 해왔던 수많은 희생에 감사함의 눈물이 쏟아진다.

투명한 물에게 벼루와 먹은 그들의 몸을 점점 닳아내며 우주의 빛이 가득한 옷을 선물한다. 그러면 붓은 기꺼이 자신의 하얀 몸에 먹빛을 가득 묻혀 나의 마음을 토해낼 수 있도록 도와주고, 종이 또한 마찬가지로 아무 말 없이 내 생각을 자신의 온몸에 담아준다. 온 생을 바쳐 누군가의 삶에 의미를 더해주는 그들.

어느 날, 새벽에 작업을 마치고 벼루에 먹이 남아 있어서 먹물이 가득 잠긴 벼루에 붓을 담가두고, 종이로 덮어두었다. 다음날 덮어둔 종이를 들어 보니 그곳에 아주 예쁜 먹빛의 꽃 한 송이가 피어 있었다. 그들이 선물해 준 꽃을 보자마자 눈물이 핑 돌았다.

스무 해가 넘는 긴 시간 동안 함께 해 주어서 고맙다고, 앞으로 더 잘해보자고 속삭이는 것 같았다. 그 마음이 정말 고마워서 옆에 작은 시를 한 수 지어 우리의 우정을 표식

해두었다.

연지에서 피어난 그대 마음 한 송이, 잘 간직하겠다고.

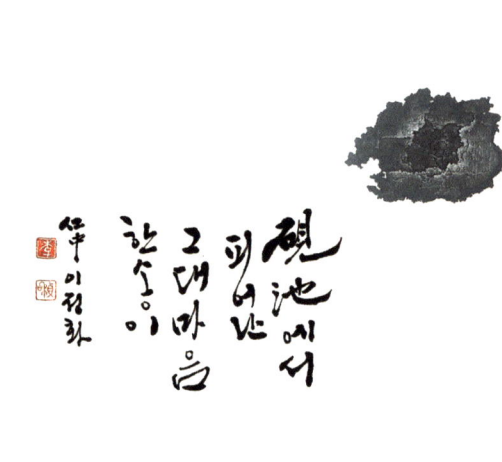

硯池에서 되어진 그대 마음 한송이

닮으로 건네준
나의 마음

여백의
눈빛

 예술가에게 가장 중요한 것은 감정 컨트롤. 쏟아져 나오는 감정을 작가는 잠시 품고 있어야 할 때가 있다. 가수가 노래를 부르다 감정에 취해 통곡해버린다면 감동은 오히려 줄어들 수 있는 것처럼, 적당한 때 잠시 멈추고 다독여 주어야 한다.
 작품을 하다 보면 감정에 도취하여 원치 않을 만큼 심하게 글자가 번지는 경우가 있다. 그때 글씨를 지키기 위해서는 종이를 누르는 또 다른 종이, 압지壓紙가 필요하다. 무작정 번져버리는 글자를 압지로 꾹 눌러 작은 여백을 지키는 것이다. 전체의 비율로 따져보면 정말 조그마한 틈새에 그치지만 그것은 있으나 마나 한 것이 아니라, 작품 전체의 눈이 되어 사람들의 마음을 두드린다. 만약 이 눈이 감아지면 남은 곳이 온통 여백뿐이라 할지라도 다른 종이를 꺼낼 수밖에 없지만, 압지 덕분에 눈이 떠져 빛이 나오게 된다면 작품으로서의 삶을 이어갈 수 있다.

터져 나오는 나의 먹빛 눈물을 온몸으로 흡수시켜주는 이 고마운 압지는 사실 나에게 버려진 종이이다. 지우개로 지울 수 없는 먹의 자국들 때문에 버려지기도 하고, 기꺼이 나의 연습장이 되었다가 버려지기도 하는 습작들. 차디찬 바닥에 던져지기 전에, 그들은 나의 곁에 오래도록 남아 나와 함께 작품을 끝까지 완성한다.

花間一壺酒 꽃 사이에 놓인 한 병의 술,
獨酌無相親 마주하는 사람 없이 홀로 마신다.
擧杯邀明月 잔을 들어 달을 청하니,
對影成三人 그림자까지 세 사람이 되네.
 -唐, 李白, 月下獨酌-

달빛 아래에서 술을 혼자 마시고 있다고 여겼지만, 실은 잔 속에 비친 달과 자신의 그림자까지 셋이 함께였음을 알았다는 이백.

 나 역시 홀로 작업을 하고 있다고 생각했지만 압지의 성품을 닮은 주변의 많은 도움으로 무사히 작품을 이뤄내고 있었다.

 지난날들을 뒤돌아보면 신중하게 생각해야 할 일들도 대충 넘어가다가, 결국 실수로 이어진 적이 있다. 분명 되돌릴 수 있는 실수임에도 불구하고 모든 삶이 망가졌다며 구겨버린 나의 어린 날들이 가득하다. 그때마다 나는 반성 대신에 차라리 잘 되었다며 새하얀 종이를 펴내며 또 무작정 써 내려가려고 달려든다. 그럴 때 나의 모든 아픔을 자신의 몸에 새겨둔 압지 같은 부모님과, 지난 과오도 예쁜 흔적으로 마음속에 새겨준 사람들이 내 옆에 꼭 붙어 있었다.

 흐르는 눈물도 닦아주고, 번지는 눈물에 가려진 틈새의 빛을 지켜 나의 삶을 예술로 갈 수 있도록 함께 걸어주는 수많은 사람. 꾹꾹 눌러 작품의 눈을 밝게 지켜준 그들은 바라는 것 없이 다 내어주는 저 하늘과 닮아있다. 그들을 생각하면 같잖은 예술가의 오만과 아집은 저절로 고개가 숙여진다.

눈물을 닦아주는 압지

꽃 지는
봄이 오면

 손톱 밑에 먹 때가 잔뜩 끼었다. 서랍장에서 손톱깎이를 꺼내 또각또각 소리를 내며 잘려가는 손톱을 보니 피자마자 지는 벚꽃이 떠오른다.

 봄은 언제나 따뜻하지 않고 늘 화창하지 않다. 만물이 피기만 하는 계절이 아니라 수많은 꽃잎이 떨어지기도 하는 계절이다. 벚꽃이 핀다는 것은 곧 진다는 이야기.

 하루하루 살고 있지만 그만큼 죽어가는 것처럼 반대의 것들은 항상 아스라이 맞닿아있다. 그러므로 내 손톱도, 꽃들도 다시 자라고 또 피어나는 것일 테지만, 저 나무에 꽃이 살포시 겨울잠을 자고 내 손톱 끝에는 세포들이 계속 움직이는 것은 언제 느껴도 참 신기하다.

'미세먼지로 인해 뿌연 하늘이라도 혹시 피지 않았을까?' 하며 벚꽃을 보기 위해 집을 나서면 역시나 꿋꿋하게, 게다가 아주 짱짱하게 핀 그들을 보면서 우리는 또 살아간다.

살다 보면 고된 역경도 닥칠 것이고, 꾸역꾸역 지내더라도 결국엔 모두에게 유한하다는 것을 알아 너무 가혹하다 싶다. 그럼에도 불구하고 삶은 계속되어야 한다는 이유를 우리가 잊고 살만할 때쯤, 벚꽃은 온몸으로 보여주는 것 같다.

흩날리는 벚꽃 눈을 황홀히 맞으면 떠나가는 그에 대한 존경심이 우러난다. 일 년 내내 자신을 기다린 이들을 위하여 있는 힘껏 온몸으로 피워내며 헤어짐의 아쉬움을 화려한 꽃눈 인사로, 남겨둔 사랑은 푸른 잎으로 보여주는 모습이라니. 흐드러지게 떨어지는 꽃잎도 아름답게 보였다. 그것이 벚꽃의 삶이라니. 그래서 그 시기와 그 아픔을 우리는 푸른 봄, 청춘靑春이라고 하나 보다.

흔히 정의되는 청춘의 시절을 보낸 사람들에게 그 조각을 가만히 마주하여 보라고 하면 조각에 베일만큼 힘들었지만,

그 아픔 뒤에 단단한 새살이 고맙게도 순서를 기다리고 있었다고 이야기한다. 벚꽃이 다 지고 나면 모든 것이 끝나는 것이 아니라 드디어 봄이 시작됨을 예견하는 것처럼 사실 별것 없이 왔다 가는 것임에도 정말 소중하다.

사랑도 그렇고, 사는 것도 그렇고. 어찌 되었든 모두 지나갈 것을 알지만, 또 봄에 설레는 것처럼.

곧 잘려 나갈 테지만 손톱 밑 먹색은 유난히 예쁘다.

말의 씨앗,
글의 씨앗

'아니, 성인聖人이라고 불리는 사람이 이렇게 명확하지 못하다니.' 서예학과에 들어가기 전 논어를 읽을 때 공자의 태도에 대해서 갸우뚱했었다. 군자君子가 무엇인지 물어보는 제자 A에게 공자는 "말한 것을 실행하고, 그것이 계속 이어지는 것"이라 하였는데˚ 군자가 무엇인지 물어보는 또 다른 제자 B에게는 "군자는 걱정과 두려움이 없는 것"이라 하였다. "스스로 반성하여 작은 하자도 없으니 무엇을 근심하며 두려워하느냐"고 덧붙여 이야기하면서.˚

이처럼 같은 질문에 공자는 단 한 번도 똑같은 답을 한 적이 없다. 4대 성인이라고 불리는 그는 사실 뚜렷한 주관이 없었던 것일까, 아니면 그 날의 분위기에 따라 대답해 준 것일까?

그는 제자들이 가지고 있는 토양이 각자 다르기 때문에 그에 맞는 씨앗을 심어준 것이었다. 꾸준함이 어려운 제자에게는 꾸준함의 씨앗을, 근심이 많은 제자에게는 용기의 씨앗을.

말씀 언言

言의 모습은 입에서(口) 말이 하나 둘 씩 나오는 모습을 표현한 상형문자이다. 나의 입을 떠나 어느 허공에서 흔적도 없이 사라지는 것처럼 보이지만, 누군가의 마음에 이미 아주 깊게 새겨지고 있는 말들이 많을 것이다. 그것이 자라서 향기로운 꽃이 되었다면 참 다행이지만, 날카롭고 뾰족한 가시로 자라서 누군가를 상처주었다면 어쩌나. 내가 심어준 말의 씨앗이지만 커가는 모습을 내가 매번 고쳐내기는 여간 쉽지 않으니, 처음 씨앗을 고를 때 가장 주의해야 한다.

'아' 다르고 '어' 다르다는데, 어떤 말씨를 가지고 있느냐에 따라 생김새가 같은 '아'와 '아'가 오히려 정반대의 의미를 지닐 수 있다. 'ㅇ'과 'ㅏ'의 합자인 '아'가 모양이 뒤집혀서 '우'의 모습을 띨 수도 있고 어쩌면 '오'가 될 수도, 정말 '어'가 될 수도 있으니.

종이 위에서 먹빛 잠옷을 입고 오래도록 긴 잠을 자며 나의 작품으로 불리는 아이들을 다시 바라보았다. 말로는 아쉬워 종이 위에 재워둔 것인데 과연 저 아이들이 자라서 누군가의 마음에 꽃을 피울 수 있을까, 나의 손을 타고 종이에 심어진 저 글 속의 씨앗은 정말 세상을 밝힐 수 있는 아름다운 글씨가 될 수 있을까.

---

*子貢問君子 子曰 先行其言 而後從之, 『論語』.
*司馬牛問君子 子曰 君子 不憂不懼 曰 不憂不懼 斯謂之君子矣乎 子曰 內省不 夫何憂何懼, 『論語』.

손으로 내뱉는 말

열 개의 노,
한 척의 배

 인터넷은 정말 가상세계일까? 아무리 아날로그의 방식을 고집하더라도 인터넷 세상 역시 나에겐 현실 세계이다. 먹을 갈아 붓을 들고 종이 위에 작품을 만들었다 하더라도, 더 많은 관람객에게 보여주기 위해서는 컴퓨터의 전원을 켜서 그 세계의 문을 두드려야 한다.

 어느 날, 작품 설명을 메일을 통해 보내기 위해서 모니터를 바라보고 글을 쓰다가 눈이 아파 양팔을 포개서 그 위에 볼을 대고 엎드렸다. 나의 시선 끝에는 자판키가 하나 있었는데, 마치 바다에 떠 있는 배와 똑 닮아있었다. 감각만으로도 어디에 무슨 글자가 있는지 알고 있어서, 굳이 바라볼 일이 없는 키보드를 보니 나의 열 손가락은 노가 되어서 지금까지 저 배를 움직이고 있었다는 것을 깨달았다. 자판의 위치를 다 외우고 나서는 그 배를 뚫어져라 바라보며 한 글자씩 써 내려간 적은 없었다. 나의 시선은 언제나 모니터만 바라보고 있었고, 잘못 썼다 싶으면 나의 약지와 소지가 지우개 버튼을 눌러 아주 빠르게 일을 처리해주었다. 깊은 생각은 사치로 여겼던 순간도 적지 않다. 노를 쥐고 있는 선주가 방향키를 잘못 움직이게 되면 배는 아주 다른 방향으로 움직이기도 하고, 격한 감정으로 노를 젓다 보면 배가 완전히 뒤집혀서 타고 있는 사람들이 바다에 우르르 쏟아져 빠져버린다. 하지만 그럼에도 불구하고 이 배 위에선 큰 죄책감은 없다. 그 배에 탄 사람들은 내가 열심히 노를 저어 빛나는 곳으로 데려다주는 공인公人이 전부니까, 장난으로 살짝 휘저은 노는 대충 이해하고 넘어갈 수도 있지. 따지고 보면 이 배는 실체가 아니잖아?

정말 그럴까, 핸드폰을 잃어버리면 모든 것이 정지되는, 와이파이와 데이터에 의존하는 우리에게. 일자리를 구해서 생계를 유지하기도 하고, 이름 모를 누군가가 쓴 한마디에 지친 일상을 위로받기도 하는데. 인터넷 세상은 정말 현실 세계가 아닌 걸까? 정보의 바다 위에 떠 있는 이 배에 나는 정말 타고 있지 않은 것일까?

배주, 舟

방패에는 창이,
창에는 방패가

'띵동, 입금되었습니다.'

먹을 벼루에 갈아 붓을 몇 날 며칠을 못살게 굴면서 나의 영혼을 담았는데, 이 메시지 속의 '영'의 흔적은 왜 이렇게 적을까. 마음의 평온을 주는 작품의 가치를 이토록 몰라줄까. 날씨도 춥고, 허하면서도 섭섭한 마음을 빨리 채우려고 두리번대다가 발견한 붕어빵가게. 3개에 천 원이라는 가격표가 붙어있다. 하지만 이 골목 지나면 4개에 천 원인 붕어빵이 있으니 그곳으로 가는 것이 낫겠다며 발길을 재촉했다.

우리는 언제나 창과 방패를 양손에 하나씩 쥐고 있다. 창 속에는 방패를 숨기고, 방패 속에도 창을 숨기며. 하지만 어쩌겠는가. 결국, 쓰기 위하여 벌고, 죽기 위하여 살아가는 생명체인 것을.

삶은 언제나 모와 순, 즉 극과 극을 순환하며 존재한다. 그리고 그 사이에서 인간은, 나는 아주 약았다. 사실 창은 방패가 있어야 존재 이유가 있고, 방패 역시 창이 세상에 없다면 굳이 필요가 없을지도 모른다. 가득 찬 잔을 비우는 이유는 그만큼 채우기 위해서이고, 채운 그 잔은 또 어서 비우라고 하지 않는가. 악착같이 모으는 이유는 마구 소비하고 싶은 이유와 같으며, 모든 생명체가 열심히 살고 있다는 것은 결국 열심히 죽음으로 달려가는 것처럼.

나는 매일 내 작품을 남에게 안겨주는 생산만 하는가? 다른 사람들이 열심히 만든 작품들을 소비하는 경우는 정말 없는가. 내 작품의 가치를 인정해 주지 않으면 열정페이를 강요하지 말라고 소리치다가 시장에서는 할머니가 캐 오신 나물을 왜 그렇게 열심히 깎으면서 '시장인심'이라고 덧씌우고, 이 집 커피는 맛있기도 하고 '가격이 착하다'라며 좋아할까.

우리는 모두 예술을 하고 있다. 밭에 나가서 논을 매는 농부도, 온종일 컴퓨터 앞에 앉아 있는 회사원도, 매연이 가득한 지하에서 주차를 지휘하는 아르바이트생들까지도. 우리는 나의 밭이, 나의 문서가, 주차된 차들이 더 아름답게 보일 수 있도록 예술을 꿈꾸며 그 삶은 결국 예술이 된다.

창 속에는 방패가 살고 있고 방패 속에는 창이 사는 것처럼, 그들의 삶 속에 나의 작품이 있고, 나의 삶 속에도 아주 깊게 그들의 작품이 자리하고 있다.

그러한 사실을 늘 놓치며, 때때로 반성하기를 반복한다.

모순(矛盾)
방패모양의 창, 창 모양의 방패.

사, 이비
似, 而非

또박또박, 아주 정교히. 숨도 마음대로 쉬지 않고 글씨를 썼다. 바라보던 친구의 한마디.

"어쩜, 정말 컴퓨터에서 뽑아낸 글씨체 같아!"

좋아해 주는 그 마음이 고마우면서도 마음 한구석이 씁쓸한 기분은 왜일까. 혼을 담은 나의 육필이 0.1초 만에 적혀지는 모니터 속의 그 모습과 비슷하다면, 서예가도 언젠가 AI로 대체될 수 있다는 섬뜩한 예측이 통하면 어쩌나.

세상이 갈수록 넓어지고 시간 역시 나날이 쪼개지면서 인간의 일을 기계가 대신하게 되는 경우가 많다. 그중에 거의 첫 번째로 줄어든 직업은 톨게이트 안내원이라고 한다. 여전히 안내원이 있긴 하지만, 역사 속으로 사라지게 될 직업이라는 것은 아마 시간의 문제일 뿐이다. 차종에 따라서 가격만 다르게 받으면 되니 굳이 그 자리에 인간이 앉아 있지 않아도 된다는 것이 이유다. 하지만 내 기억 속 톨게이트 안내원은 그저 교통비를 계산해주는 사람이 아니라, 사람과 사람의 마음을 연결해준 큐피드였다.

이십 년 전 즈음, 가까이 지내는 이웃과 함께 가족 여행을 떠나는 길이었다. 각자 가족의 차를 타고 나란히 고속도로 톨게이트에 들어갔다. 통행료를 내기 위해 창문을 여시는 아빠에게 안내원은 빙그레 웃으며 이야기하셨다.

"앞차가 계산을 함께했어요. 날씨 참 좋네요! 운전 조심하시고 즐거운 여행되세요."

안내원의 미소와 맑은 목소리에 긴 교통체증으로 답답했던 차 안으로 꽃향기가 퍼지는 것 같았다. 아빠는 안내원께 감사하다며 차에 있는 사탕을 한 움큼 건네 드렸고, 얼마 안 가서 도착한 휴게소에서 옆집 아이들과 우리 자매는 아빠의 카드로 간식을 실컷 사 먹었다.

인간은 발전이라는 이름하에 스스로를 더 외롭게 하는지도 모른다. 사실 인간과 인공지능 로봇은 비슷하지만, 그러나 극명히 다르다. 실패했을 때에 한숨을 쉴 줄 아는 것과 그렇지 않은 것. 눈빛으로도 대화가 가능하거나, 그렇지 않은 것. 더 명확히 말하자면, 아니 사실을 말하자면.

살아있거나, 그렇지 않은 것.

뽑아낸 것 같다며 칭찬해준 내 글씨를 다시 한번 가만히 바라보았다. 한 치의 오차도 용납하지 않으려 온 힘을 다해 천천히 적어 내려간 글씨들. 더 가까이 다가가니, 먹이 종이에 번진 모습과 삐죽 나온 한 가닥의 붓털이 인사한다.
그러자 완벽하지 않은 그 틈으로 숨이 쉬어지는 것을 보면서 안도의 미소가 번졌다.

꽃은 한때
꽃이었던 흙이 키워준다

 마감해야 하는 작업이 많았다. 틈이 나면 하자고 마음을 먹고 주섬주섬 가방 속에 담았다. 내가 선택한 일들이지만 가끔은 나의 숨을 옥죄어 오는 것들. 그래도 이래야 내가 빛날 수 있으니까.

 새로운 해를 맞이하거나 보름달이 차오르는 날이 되면, 할머니의 가지들이 열매들을 주렁주렁 매달고 각자의 추억이 가득한 '언메기 맨 끝 집'이라고 불리는 할머니 댁에 모인다. 사촌 동생이 가방에 숙제를 들고 온 것 같은데, 윷놀이 하느라 까맣게 잊은 듯하다. 그 모습을 보니 가방 속 나의 일거리가 불현듯 떠올랐지만, 눈을 질끈 감으며 잠시 외면했다.

대식구들의 모임에 주방이 매우 바쁘다. 맛있는 음식을 만들어서 먹고 설거지까지 완료한 시간. 그 많던 식구들 모두 낮잠을 실컷 잤다. 얼마 후에 하나둘 일어나 함께 과일을 먹으며 시시콜콜한 이야기를 이어 나가고 있는데 구순이 훌쩍 넘으신 할머니가 한마디 하셨다.

"아이고. 오늘같이 이렇게 행복 시러운 날이 또 있을런지 모르겠네~ 나 니들 보고 싶어서 쫌만 더 살아야것다!"

얼른 세상을 떠나 가족들이 편히 지내는 것이 당신의 최대 소원이시라는 할머니가 우리를 보면서 생의 이유를 찾으신다. 보이지 않는 미래를 위해 치열한 하루하루를 보내면서도 스트레스가 가득한 우리의 삶. 쉼은 사치일 뿐이라며 앞만 보고 달리는 것이 오히려 행복으로 가는 방법일 수 있다고 생각했다.

그런데 이곳에서는 아무것도 이루려 하지 않고 오로지

본능에만 충실했다. 졸리면 잠을 자고 배고프면 일어나서 끼니를 해결하며, 함께 모여 사소한 이야기를 주고받은 것이 전부인데 우리의 존재가 반짝 빛나서 구순이 넘은 할머니의 삶에 행복회로를 켜고 있다니.

명절이 만들어진 것은 아마도 바쁜 거 다 알지만 억지로라도 쉼표 하나 찍고 가라는 선조들의 마음이 아니었을까.

굳이 차례를 지내지 않더라도, 곡식도 알맞게 익었으니까 여기 와서 우리를 핑계로 오랜만에 다 같이 모여 맛있는 거 먹으면서 이야기꽃 피우라고, 아무것도 안 하더라도 예뻐 죽겠는 너희라는 걸 그 바쁜 시간 속에 잊지 않았으면 좋겠다며 할머니와 할아버지들이 우리에게 선물해 주신 시간이 아닐까.

꽃은 한때 꽃이었던 흙이 키워준다. 할머니는 웃고 있는 우리를 향해서 한마디 더 덧붙이셨다.

"야들아. 만약에 내가 증말 읍서져두 이렇게 다들 모여서 즐겁게 놀아라, 알았지? 나두 꼭 올껴."

이 길
위에

이것도 병이라면 병일 수 있겠다.

하얀 것만 보면 적고 싶다는 생각.

어느 겨울날, 매일 다니는 거리 위에 하얀 눈이 소복하게 내렸다. 붓을 들어 그 위에 글씨를 쓰고 싶었는데, 가만 보니 그곳에는 이미 많은 사람의 이야기로 가득했다.

기꺼이 하얀 공책이 되어준 길은 사람들이 내뱉는 이야기들을 가감 없이 받아 적고 있다. 거침없이 써 내려가는 아이들부터, 한 글자씩 눌러 쓰는 어른들까지 작가들도 매우 다양하다. 나만의 공책인 줄 알았던 이곳은 어느새 공동 집필 중인 장편소설이 되어가고 있다.

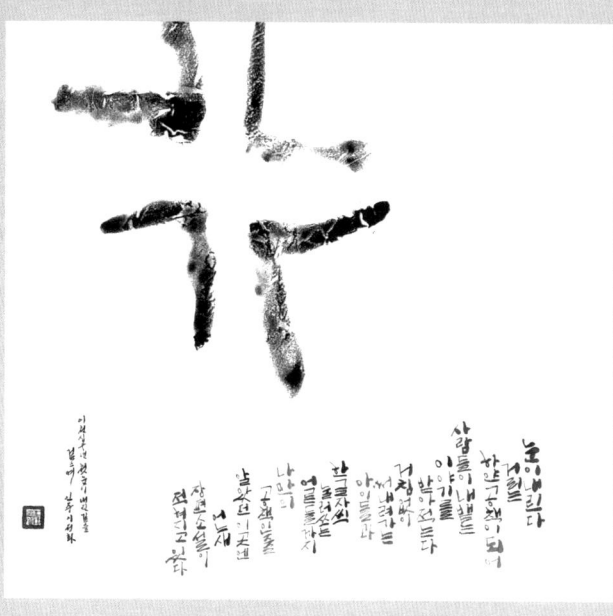

첫 눈이 내린 날

다름의
닮음

하얀 밭 위에, 뚜벅뚜벅 찍어내는 검은 발자국.

서예의 색은 무엇일까. 도드라지는 발자국의 먹빛이라고 이야기하려다가 문득 저 '하얀 밭'이 없었다면 빛날 수 있었을까 싶다. 그렇다고 은은한 한지의 하얀 빛만을 말하기엔 저 발자국 덕분에 사람들이 흰 밭 앞에 하나둘 멈춰지는 것이 아닐까?

밀물과 썰물처럼, 만날 수 없는 두 색이 함께 나란히 서 있는 서예의 색. 그렇다면 과연 나는, 어떤 색을 지닌 사람일까?

대부분의 사람이 그러하겠지만 나는 날씨의 영향을 참 많이 받는다. 화창한 날이면 생기가 넘치고, 비가 오거나 날이 흐리면 우울해진다. 답답한 것도 좋아하지 않아서 버스에서도 아주 창이 넓은 곳에 앉는다. 사람들은 그런 나를 보고 밝고 화창한 것을 좋아하는 통통 튀는 사람이라고 이야기한다. 그런데 이와 반대로 나를 이해하는 사람들이 있다. 취향을 한눈에 표현되는 것은 아마 옷일 것이다. 내가 가진 대부분의 옷은 짙은 색이며, 유행과는 무관한 옷들이고, 게다가 먹물이 묻은 옷도 큰 상관없이 몇 년째 입고 있는 나를 보며 화려해 보이는 것보다 진중하고 깊은 것을 좋아하는 사람일 것이라 이야기한다. 나를 정반대로 이해하는 사람들, 과연 나다운 색은 어떤 색이어야 할지 고민을 했었다. 심지어는 억지로 나의 모습을 상대방에 맞춰서 바꾸려 노력한 적이 있었다.

"貌姸容有, 壁美何妨楕."

-宋代, 詩人, 蘇東坡.-

아름다운 용모에도 종지뼈는 있는 것인데, 구슬이 아름다우면 그만이지 타원형이면 무엇이 해롭냐는 송나라 시대 시인 소동파의 이야기.

상황에 따라서 부족한 내 모습은 가려서 아닌 척하려고 했던 시기가 있었다. 하지만 방방 뛰는 나의 모습, 깊은 곳을 찾아가는 나의 모습. 부족할 것 없이 완벽히 모두 나의 색이고, 나의 모습이었다.

무지개가 아름다운 이유는 일곱 빛깔을 지니고 있기 때문일 것이다. 마치 밀물과 썰물은 정 반대지만 그것은 모두 바다를 이루고 있다는 정호승 시인의 말처럼, 또한 먹의 색과 바탕이 되어주는 종이의 색은 극과 극이지만 그것이 함께해야 작품이라 불릴 수 있는 것처럼.

나는 나의 모습 그대로 아름답고, 그대는 그대라서 아름답다. 더 무엇을 갈구하는 것일까.

민물과 썰물

그러다가 누군가 건네준 한 마디와
아무것도 하지 않고 자신의 삶을 묵묵히 살아가는 자연을 보면서
큰 위로를 받고 붓을 더 진지하게 잡을 용기가 생겼다.
그들처럼 위로를 건네주는 예술을 하고 싶다는 생각이
다시 나를 일으켜주었다.

저을

어려웠다.

사실 내 마음을 관찰하여 하나의 작품으로
내뱉는다는 것은 큰 고통이 산출되었다.
외부로 돌아다니는 일이 많아서 붓을 잡는 시간이 줄어들고
크나큰 작가들을 바라보면서 과연 나도 저렇게
멋진 예술가가 될 수 있을까 하는 두려움이 말도 못 했다.
보기만 해도 사랑스러워서 어쩔 줄 몰랐던 자연이었는데
이 시기에는 떨어지는 꽃잎과 내리는 눈을 보면서
크게 아파하는 내 모습에 당황스럽기도 했다.

일희일비하는 그대에게

서예가 이웅 이정화

처연한
아름다움

 외로움을 치유하기 위해서는 함부로 근원지를 만지지 않고 시간과 함께 그저 두는 것이 하나의 방법이라 생각했다. 깊은 생각은 때로는 독이 될 수 있으니.

 그러던 어느 날, 걸어가는 내 앞에 낙엽 두 장이 놓여 있었다. 그 모습은 꼭 꽃의 형상이지만 꽃이 아닌 잎이었다. 땅에 떨어져도 꽃이 되고 싶은 잎새들. 가만히 바라보는데, 거울을 보고 있는 것 같은 기분을 지울 수 없었다.

 사실 내 마음을 오롯이 관찰하여 하나의 작품으로 내뱉는다는 것은 생각보다 큰 고통이 산출되었다. 하지만 그것보다 더 힘든 것은 열심히 탄생시킨 작품이 그만한 가치를 인정받지 못하는 것 같을 때이다.

 예술을 해야겠다고 마음을 다졌을 때 '어린아이가 바라보는 맑은 마음'을 최우선으로 지키자고 생각했었다. 그런데 일주일간 빛을 받고 아름다움을 내뿜었지만, 전시가 끝나면 내 방 한구석에서 먼지나 먹게 될 운명을 바라보는 것도, "쓰다가 망친 작품 있으면 나를 달라."는 농담을 듣는 것도, 서예를 한다는 나만 보면 무작정 "좌우명 한 번만 그냥 대충 써서 달라."는 사람들의 말에 실없이 웃는 것도, 반강제적으로 작품을 가져가면서 "너무 고마우니 먹고 싶은 것 있으면 다 먹어라."는 사람들의 말에 차라리 밥값을 돈으로 주었으면 싶은 괴로운 생각까지. 그런 생각이 하나 둘 손을 들고 일어나면 마음에 먼지가 쌓여서 '맑은 마음'이 점점 탁해져 가는 것 같아 두려웠다.

 '작품의 가치'를 '값어치'로만 환산시키는 작가가 된 것 같아 속물 같다가도, 주황 불빛 아래 소의 핏물을 제물 삼아 작품들을 맞바꾸는 내 처지가 처량했다. 그렇다고 아니라며 당당히 이야기도 못 한 채 괜찮은 척 열심히 숨겼다. 그러면 또 어떤 이는 이런 나를 보고 "역시 예술가."라며 치켜세워주는 모습에 한숨 쉬면서.

"평생 힘들고 처절하지 않아봤다면 예술가라고 할 수 없다."는 누군가의 말은 들을 때마다 마음이 꺾인다. 아름다움을 갈구해야 하는 예술이 처절해야만 하다니, 처절하다. 찬 바람만 세차게 부는 깊고 어두운 겨울밤 같았다. 끝나지 않을 것 같은 밤.

아름다움도 그 나름일 것이다. 어떤 것이 아름다운 것이고, 뭘 보고 추하다 해야 하는지. 예술엔 뚜렷한 답이 없으니 이 밤의 고민도 또 다른 밤의 고민이 안아주지 않을까.

떨어져서라도 꽃이 되고 싶던 잎사귀

가지 같은 시간,
손톱 같은 사람들

꼭 그런 시간들, 그런 사람들이 있다. 썩은 가지를 닮은 시간과 손톱 같은 사람들. 아무리 예쁘게 꾸미고 가꾸더라도 결국에는 잘라내야 한다. 생을 다한 것들이기에. 하지만 그동안 고생스럽게 아니, 사실 고집스럽게 지켜왔기 때문에 놓기가 쉽진 않다. 그렇기 때문에 터질 듯해도 꼭 안고 있었다.

가지 지枝

이 글자는 '나무 목'과 '지탱할 지'의 합자이다. 가지가 줄기에 붙어서 '내가 널 지금까지 지탱했어. 날 버리지 못해!'

라고 아무리 주장해도 나무에게 가장 중요한 것은 줄기, 더 중요한 것은 뿌리이다. 썩은 가지라는 것을 인지라고 힘껏 쳐낼 수 있다는 것은 달리 바라보면 감사하게도 뿌리는 괜찮다는 것. 챙기지도 못하는 많은 인연에 미안함과 이리저리 휘두르는 사람들에 대한 서운함에 지쳐있는 나에게 엄마는 말씀해주셨다. 가지가 많은 나무는 줄기가 굵을 수 없다고. 삶이라는 것은 늘 좋은 일만 있는 것은 아니지만 분별하여 시간과 마음의 가지를 잘 쳐낸다면 하루를 잘 유지할 수 있다고. 그럼 삶은 얼마나 더 아름다워지겠느냐고.

과감히 놓아야 한다.

너무 길러서 손톱이 내 몸을 다치게 하지 않고, 너무 짧게 잘라서 만질 때마다 쓰라리지 않도록. 서로에게 딱 알맞은 관계까지만 정돈해야 한다. 잘라버리면 다시는 나올 것 같지 않은 나무의 가지는 오히려 더 튼튼한 모습으로 성장하는 것을 알고 있으니. '그래도'라는 이름으로 붙잡지 말고 힘껏 내리치자. 진짜 지탱해주는 뿌리를 믿고.

천천히 가자, 천천히

"아, 술이 달다."

작업실을 접었다. 호기롭게 시작한 작업실이었지만, 아무래도 무리였다. 그래도 1년 지냈다고 치워야 할 짐들이 산더미로 쌓였다. 조카의 짐을 치워주시겠다고 먼 곳에서 막내 외삼촌이 올라오셨다. 함께 짐을 정리하고 순댓국을 먹으러 갔는데, 그때 삼촌이 따라주신 술 한 잔이 참 달았다. 아마 함께 건네주신 그 말씀이 더 달콤했기 때문일 것.

"괜찮아. 천천히 앞으로 걸어가는 거야. 가다가 실수로 진흙에 발을 담가도 뒤에 아직 버티고 있는 다리의 힘으로 건

너갈 수 있잖아. 뛰어가면 용케 진흙을 건넌다 할지라도 한 번 넘어지면 말짱 꽝이니까. 천천히 가자, 천천히. 꾸준하게!"

내가 발 닿고 있는 지금과 손닿고 싶은 내일 사이에서 하루는 발을 보고, 하루는 손끝을 움직이며 지냈다. 다리는 퉁퉁 부어서 쓰러지는 것 같다가도, 손끝은 간질거리면서 나를 다시 일으키고. 그래도 그 중심에서 마음 다독이며 지냈던 나날들이었다.

뒤늦은 사춘기가 찾아올 때는 아마도 인생이 언제나 찬란하지만은 않다는 것을 인정할 수 있어야 하는 시기인 듯하다. 매 순간마다 희로애락을 한 번씩 반복해야 이루어지는 것이 삶인 것을 느껴야 하는 시기. 한 번도 좋아할 생각 없었던 비 내리는 날을 차근히 사랑해야지.

마음 한 부분을 기꺼이 내줘봐야지.

이미
알고 있잖아

"나는 여기서 자는 게 좋겠다. 오랜만에 왔으니까……. 사실 배는 다 알고 있거든."

선상에서 지난 추억을 되새기며 밤새 이야기를 할 생각이었지만, 아무래도 추운 내부가 걱정이었다. 감기라도 걸릴까 걱정되어 함께 한 사람들과 숙소를 잡아 옮기려고 하는데 선장님이 본인은 배에서 주무신다고 하셨다.

'배는 다 알고 있다.' 그 말이 나의 가슴을 콕 찔러 듣는 순간 눈물이 툭 떨어졌다. 기업에서 강연하고, 인터뷰하며 서예를 더 많은 사람에게 알려준다는 명목하에 부끄럽지만, 붓은 잠시 내려놓고 머릿속으로 글을 쓰고 입으로 완성했다. 그러다가 오랜만에 붓을 잡으면 생각만큼 써지지 않는 것을 도리어 붓에게 탓을 했다. 그뿐만 아니라 전시장에서 작품을 본 사람들이 입에 침이 마르고 닳도록 칭찬은 해도 빨간 스티커 하나를 찾지 않는 모습에 그들의 안목을 탓했다.

  하지만 이미 나는 다 알고 있었다. 붓과 종이를 쓰다듬은 만큼, 먹과 벼루가 소리를 내는 만큼. 더도 말고 덜도 말고 딱 그만큼 정직하게 표현되었는데 왜 다른 사람에게 탓을 했을까. 잘 되면 남의 덕, 안 되면 나의 탓이라는 큰아버지의 말씀을 어째서 거꾸로 실행했을까. 노력 없이 결과를 얻으려 했었고, 배신하지 않는 땀 대신 세치 혀를 움직여 침을 더 흘리고 다녔다는 것을 다른 누구보다 내가 제일 잘 알고 있었다.

  집으로 돌아와 곧바로 붓에게 먹빛 목욕을 시켜주었다. 한동안 미안했다고, 나와 오래도록 함께해 달라고 나의 마음에서 그의 마음으로 속삭였다.

아빠,
달이 자꾸 따라와요

철컥,

새벽 두 시. 야작夜作을 하다가 바람을 쐬러 베란다에 나갔다. 이 시간에 하늘을 바라보면 달은 정확히 내 머리 위에 떠 있다. 어느 날은 이러다가 하늘이 달로 가득 차는 것은 아닐까 할 정도로 가까워지는 때도 있는데, 그런 날은 크다는 말로는 부족할 만큼 거대하게 느껴진다. 하지만 달은 언제나 기울고 일그러진다.

달은 자꾸만 줄어드는 자신의 모습을 오히려 당당하고 또렷하게 보여주며, 가끔은 선물처럼 아주 가까이 다가온다.

바라보는 그 누구라도 눈부시지 않도록 포근하게 눈까지 마주쳐 주면서.

해와는 달리 달은 경계가 모호하다. 한 살 더 먹은 나이를 이야기하는 것이 익숙해질 때쯤에, 달의 여유로 인해 우리는 다시 새로운 해를 맞기도 한다. 그럴 때마다 좀 늦어도 괜찮으니 서두르지 말라고 속삭여 주는 달의 음성이 들린다.

나타날 때나 사라질 때나 대단한 퍼포먼스로 눈길을 잡진 않지만, 그만큼 더 깊게 다가오는 달. 스물아홉이기도 하고, 서른이기도 했던 어느 밤도 조용히 다가온 것처럼.

철컥,

베란다 문을 닫고 들어오니 작은 바람 소리도 들리지 않는다. 마음 같아서는 나도 저 달처럼 유난 떨지 않고 싶은데 나약한 인간이라 빛나 보이고 싶고 화려하고 싶기도 한 내 모습. 억지로 내는 빛은 마치 폭죽처럼 오래 못 가 빛바랜다는 것을 알면서도.

다시 벼루에 물을 붓고, 천천히 먹을 갈며 달의 토닥임에 숨을 깊게 내뱉어 본다.

당신은
나의

 연적硯滴이 자신의 물을 벼루 위에 내뱉었다. 더는 내 품 안에서 고여 썩어가지 말고 너의 삶을 살아보라고. 벼루 위에 떨어진 물에게 먹이 다가와서 손길을 내보인다. 물은 먹과 함께 사각거리며 오래도록 이야기를 나누는데, 그들은 서로를 닮아가며 점차 짙어지더니 반짝이는 밤하늘이 되었다.

 물은 먹 덕분에, 먹은 물 덕분에. 서로의 색이 이토록 아름다웠음을 알게 되었다. 새하얀 붓은 먹빛을 담아, 달을 닮은 종이 위에 오래도록 지워지지 않을 그들의 마음을 담아내었다. 덕분에 서로를 비춰볼 수 있음을 감사하며 잊지 않기를.

때문에,
아니 덕분에

고아한 빛을 내는 종이가 자리를 잡고 차분히 앉으면 붓은 온 정신을 모아서 점을 안겨준다. 그렇게 태어난 점은 기지개를 켜며 획이 되고, 자신에게 맞는 옷을 입으며 문자가 된다. 그리고 그는 자신과 닮은 친구들과 함께 세상에 빛을 내고, 오래도록 향기를 내뿜는 '작품'이 되는 꿈을 꾼다.

작품의 꿈이 이뤄질지는 빨간 도장이 찍히기 전까지는 아무도 알 수 없다. 그 기준은 서로 다투지 않고 조화롭게, 그러니까 얼마나 자연스러운지가 중요하다. 그렇기에 그들은 어느 순간에는 몸을 웅크리며 작아지기도 하고, 팔을 펴서 다른 친구를 안아주기도 하며 조화를 이뤄낸다. 그러다가 벌어지는 실수들은 서로 조금씩 양보하여 감싸준다. 물론 그 실수들이 지우개로 지운 것처럼 사라지진 않겠지만, 포용한 그들의 모습에서 자연의 아름다움이 엿보인다면 한 번에 완성한 작품보다 오히려 더 큰 가치를 지닐 수 있다.

점이 작품의 꿈을 꾸는 것처럼, 인간도 자신의 삶을 스스로 만족할 만큼의 작품으로 완성하고자 한다. 그러나 예상치 못한 작은 실수들 앞에서 때로는 좌절하기도 하고, 열심히 일해도 별다른 것 없는 하루에 힘이 빠지기도 한다. 마치 바람에 움직이는 배를 희망 없이 타고 있는 것처럼.

하지만 '때문'이라고 말하는 것들의 대부분은 사실 다 '덕분'인걸 알지 않은가. 어제의 실수는 오늘이 감싸주고, 반복적인 하루는 조금씩 깊어지면서 삶은 완성 될 것이다. 별일 없이 지나간 하루도 모아두면 그 얼마나 위대한 생生인가.

마음의 걸음마

다 너를 위한 나의 생각이야

　누군가와 나 사이의 관계가 가까워지고 커지면, 그 간격만큼 훨씬 조심해야 한다. 가까워졌기에 멀리서는 보이지 않던 우리 사이의 미세한 먼지들이 신경을 거슬리게 하고, 이 정도는 생선 가시보다도 얇지 않느냐고 뱉는 한마디가 날카로운 칼날보다 더 아프게 찔리기 쉽다.

　어디서 어떤 삶을 살더라도 우리가 사람이라는 사실이 변하지 않는다면, 사람은 가장 작은 마음으로 움직이고 멈춘다는 것을 인지함이 중요하다.

　그것은 말이 될 수도 있고, 글이 될 수도 있으며, 바라보는 눈빛이 되기도 하고, 느껴지는 행동일 수도 있다.

조심, 또 조심.

나의 시작인 부모님과도, 내가 선택한 연인과도 같은 마음이기 힘들지 않은가.

생각 사^思

이 글자를 가만히 바라보면 田은 뇌의 모양(머리)이고, 心은 심장 모양이다. 우리의 관계를 '생각'하고 바라볼 때, 머리로만 차갑게 계산되어서도 안 되고, 마음으로만 뜨겁게 직진하여도 위험하다. 적절한 분배가 중요하다. 그렇다 할지라도, '생각 사'를 이루고 있는 가장 중요한 부분인 부수는 心, 마음인 것은 또 생각해 봄 짓 하다.

달을 위해
빛을 내어 주는 작은 별

 좌절과 허탈함, 그 속에서의 무너짐. 하지만 그 무너짐이 얼마나 중요한 것인지, 미래의 나를 위해 꼭 필요한 단계라는 것을 알았다.

 사람 때문에 힘들다는 직장생활이지만, 사람 덕분에 4시간 왕복이었던 출퇴근도 행복하게 다닐 수 있었던 나의 첫 직장. 겨우 1년 정도의 삶이었지만, 하지 않았더라면 평생 알 수 없었을 감정들. 하루에 한 번쯤은 하늘을 봐야 하는 것 아니냐며 이야기했던 나의 지난 강연들은 건방짐이 저 하늘보다 높았다. 그곳이 아니었다면 진정한 예술가는 꿈도

꿀 수 없었을 것이다.

  지난밤 야근의 피로에 부랴부랴 가는 출근길, 잠깐 밥 먹으러 나오는 아주 짧은 점심시간, 지옥철을 겨우 빠져나온 퇴근길. 고개를 앞으로 들기에도 무겁지만, 그래도 하늘을 바라보면 형용하기 어려울 만큼의 큰 위로를 주고 있음을 마음 깊이 알게 되었다.

  밤하늘에 자신의 빛을 나눠주는 작은 별들 없이, 달만 덩그러니 있었다면 세상이 이렇게 밝아질 리 없다. 아마 아침이 순식간에 밝아지는 것은 오롯이 해의 덕만 있지 않을 것이다. 태양뿐만 아니라 그의 옆에서 요리조리 힘쓰는, 이 땅에서 부지런히 빛내며 걸어 다니는 저 빛들 덕분이다.

  세상이 점점 아름다운 예술과 가까워진다면 그것은 오로지 예술가 덕분이 아니라 예술을 진정으로 사랑해 주는 평범하고도 비범한 사람들 덕분임을 알게 했던 일 년이었다.

빛나는 땅 속의 별들

다시, 봄

익숙한 것에서 새로움을 발견하도록 해주는 것이
예술가로서의 큰 의무라는 것을 깨닫고
지금껏 그냥 스쳐 지나갔던 것들을 다시 돌아보기로 했다.
나의 글씨가 문자의 옷을 벗고
책상에서 일어나 예술 속으로 조금 더 깊어질 수 있도록.

일희일비하는 그대에게

서예가 이정 이정화

한 줌의 우주

돌아가시다. 왔던 곳으로 되돌아가는 것.

그 누구도 예측할 수 없는 나의 미래에 나는 과연 나중에 무엇이 될까?

붓을 잡은 지 스무 해가 된 어느 가을날, 나는 직접 색다른 먹을 만들어 보고 싶었다. 자신의 색을 다 발산하지 못하고 요절한 예쁜 꽃잎과 잎들을 한데 모아서, 먹을 만드는 공정을 작게나마 거치는 실험을 해보았다.

서예가이신 아버지 덕분에 나는 태어나면서부터 먹을 접하게 되었고, 아버지는 그 먹색이 검은색을 닮았지만 검은색이 아닌 우주의 색, 현색玄色이라고 하셨다. 그러시면서 "세상의 모든 색을 합하면 현玄 색이 된다."고 하신 말씀을 1차원적으로 직접 확인하고 싶었다.

아버지는 열심히 무언가를 만드는 딸을 그저 말없이 빙그레 웃으시며 바라보셨다. 먹은 소나무의 그을음과 아교를 섞어 만드는 것인데, 이 잎들도 과연 그 예쁜 먹빛을 낼 수 있을지는 의심스러웠다. 그러나 어느 정도의 먹의 형태는 만들어질 수 있지 않을까 설레며.

결과적으로, 먹 만들기 실험은 위대한 실패로 남게 되었다. 먹이 아닌 '흙'이 되어버렸기 때문에. 먹을 만들어서 작품을 하려고 했는데, 원하던 결과가 나오지 않아서 망했다는 생각에 멍하니 바라보고 있던 그 순간,

'잠깐, 흙……? 흙이라니!'

내가 모았던 예쁜 꽃들과 낙엽들이 한 줌의 흙이 되었다. 아마 그 흙에서는 또다시 그 꽃과 나무가 자라게 될 것이다. 흙은 원래 흙이 아니었고, 꽃과 나무 또한 원래 꽃과 나무가 아니라는 진리를 눈앞에서 인정할 수밖에 없었다. 세상에 당연한 게 어디 있었을까. 영원한 게 어디 있었을까.

菩提本無樹　보리 나무는 본래 나무가 아니고

明鏡亦非臺　거울 또한 받침이 아니라네.

本來無一物　원래 하나의 물체도 없었는데

何處惹塵埃　어느 곳에 티끌이 일겠느냐.

-唐, 六祖慧能大師-

오래된 소나무의 마른 잎이 흙과 같은 색인 이유부터 낙엽들의 마지막 색이 온통 같은 이유까지 알게 되었다.

봄을 지나 여름, 그리고 가을과 겨울까지 사시사철 내내 소나무가 푸를 수 있던 이유는, 무엇인가는 흙이 되어서 소나무를 지탱해 주었기 때문이다. 흙은 사실 처음부터 흙이 아니었기에, 소나무 주위의 누군가가 흙이 되어 소나무를 지켜준 덕이다.

먹을 만든다는 어리석은 생각은 지우고, 흙이라고 불리는 자연 한 줌으로 글씨를 썼다. 주변에 흩뿌린 먹 방울들은 아주 작은 원소, 그리고 우주를 표현했다.

이 흙을 바라보면 그해 가을날 만난 꽃과 나뭇잎이 내게 인사한다. 내가 그 나뭇잎이 되지 않을 것이라고 확신할 수 없다. 네가 저 꽃일 리가 없다고도 단정할 수 없다. 그러니 너와 나는 하나가 아니라고 이야기할 수 없을 것이다. 시간이 흘러 우리는 저 흙에서 만날 테니까. 우리는 서로를 사랑해야 할 수밖에. 그들과 하나 되어 돌아가는 날이 온다면 과연 나는 무엇이 될까?

本來無一物_원래는 아무 것도 없었다"

순간의
흔적

한 장의 작품을 완성하기 위해 백 장을 썼다. 나에게는 천지와도 같은 차이가 있지만, 일반인들에게 그 차이점을 물어보면 도리어 무엇이 다르냐고 되물어볼 것이다. 그렇게 탄생한 작품이 전시장에서 빛을 받게 되어도, 10분 이상 바라보는 사람은 거의 없을 것이란 것도 잘 알고 있다. 하지만 하루아침에, 게다가 한 번으로 끝나지 않는 것이 예술이라 감사하고, 그 시간 동안 욕심을 하나 둘 씩 내려놓을 수 있어서 행복하다.

예술은 '순간'으로 보여진다. 눈 깜짝할 사이에 완성되어 보이는 그림과 몇 분도 안 돼서 써 내려가는 글씨. 길어봤자 6분에 끝맺음 되는 음악과 진정 순간의 예술로 치부되는 사진 등. 하나의 작품을 완성하기 위해서 나에게는 지나간 수십 장의 종이와 팔꿈치 아래 쉬이 지워지지 않는 먹의 흔적이 있는 것처럼, 래퍼에게는 수백 장의 공책에 쓰고 지워진 흔적이 있다. 미술가에게는 작업복에 알록달록한 흔적이 피어 있으며, 음악가에게는 수십 시간 반복된 녹음의 흔적이 있다. 무용가에게는 온몸에 피어난 흔적이 있으며, 배우에게는 너덜거리는 대본의 흔적이 있고, 사진가들에게는 수많은 셔터에 남아있는 흔적이 있다.

그 흔적의 결정체인 작품을 통하여 그들은 아파도 하고 기뻐도 한다. 작은 흔적들이 새겨질 때마다 마주하게 된 예기치 못한 우연에 감동도 하고, 사람들의 한마디에 마음의 파도가 휘몰아친다.

이 세상에 오롯한 감탄사 하나를 피워내기 위해서 수많은 순간의 흔적을 온몸으로 받아내는 가엽고도 위대한 예술가.

마침내 빛나리라

우리 오래
함께하기 위해서는

오래된 것들이 여전히 유지되어 가고 있다면 지켜야 한다. 시간의 배를 타고 속절없이 사라지는 것들. 붙잡을 수 없이 흘려보내야 하는 것이 운명인데, 그 속에서 여전하다는 것은 참 어려운 일이니까. 그렇게 보자면 문자와 함께 긴 걸음을 가고 있는 서예를 사람들은 왜 외면하려 할까? 서예의 아름다움을 알고 있다고 하면서도, 그 이상 궁금해하지 않는 이유는 뭘까? 그는 참 사랑스러운데, 그 매력을 어찌해야 오래 보게 할 수 있을까?

어느 가을날, 기차역 부근에 있다는 첨성대를 보러 갔다.

길가 옆에 아무렇지 않게 서 있는 그의 첫인상에 당황했다. 하지만 가만히 눈 마주치니 참 따뜻하고 포근했다. 만질 수는 없도록 낮은 울타리로 막아 두었지만 얼마나 얕은지, 그것이 과연 저 첨성대를 위한 것인지, 잔디를 보호하기 위함인지도 헷갈릴 정도였다. 첨성대가 오롯이 서 있는 이유. 국보 제31호를 큰 보호막 없이 그냥 둔 이유를 생각했다. 자연스럽게, 과도하지 않은 지킴. 분명히 이 시간도 지나가면 첨성대가 지나간 역사의 한 부분일 테니. 하지만 지키는 방법이 아주 자연스러워야 더 오래 할 수 있음을 알게 되었다.

과유불급過猶不及을 온몸으로 실천하며 알려주는 첨성대를 보면서, 나는 과연 아티스트로서 내 작품과 감상자들의 인연을 잘 맺어주고 있는지 반성하게 되었다.

예술은 시대를 반영해야 하는 것을 잘 알고 있었지만, 작은 변화에도 과감하게 인정하지 못했던 나의 방식들이 보였다. 그러는 사이에 다를 것 없이 점차 노쇠해가는 나의 사랑하는 글씨들. 그들을 외면한 것은 오히려 내가 아니었을까.

오래오래 함께하고 싶다면, 과도하지 않게 있는 그대로 존중해 주기로 했다. 순간순간 조금 변하면 어떤가. 그것도 모이면 내가 되고 삶이 되고 역사가 될 테니.

망설임 없이 피고 지는 잎

잘못된
측은지심

    작은 것 하나라도 해내고 나면 꼭 조심해야 하는 것이 있다. 굽어 살펴보는 것과 나도 모르게 내리깔아보는 것.

    더운 여름날, 길을 가다가 용접하는 아저씨를 보았다. 끼익하는 소리가 귀에 박혀 너무 아픈데 아저씨는 묵묵히 본인 일을 하신다. 그 모습에 이유 모를 짠한 마음으로 가득 채워지려는 순간, 가게 안에서 얼음물 한 컵을 들고나오시는 아주머니. 컵을 건네받은 아저씨는 세상에서 가장 행복한 미소로 한 컵을 단숨에 벌컥! 해결하셨다. 그 순간, 나의 온몸이 후끈해지며 쥐구멍을 찾고 싶었다.

이와 비슷한 일을 겪었던 때가 있었다. 그때는 몹시 추운 연말이었다. 누군가가 자신이 입지 않는 옷들을 자루에 담아서 낭인들을 향해 툭 하니 던졌다. 방한에 최적화되어있는 목도리와 장갑들도 있었고, 새것처럼 보이는 옷도 있었다. 던진 사람은 아주 만족스러운 표정이었고, 낭인들은 분노에 찬 눈빛이었다. 산타의 선물처럼 느끼기보다는 마치 폭탄처럼 느껴진 것은 아닐까.

하나의 사물을 볼 때 시선이 늘 같은 것은, 어쩌면 누군가의 불합리한 희생이 깔려있을지도 모른다. 더운 여름날, 용접 일하는 사람들은 모두 힘들고 원치 않는 일을 하는 것이며 추위에 떨고 있는 사람들은 어떤 마음이든 상관없이 따뜻한 옷을 원하기만 할 것이라는.

잘못된 측은지심惻隱之心,

위험한 같은 시선.

진정으로 상대를 위한 배려라면 작은 편견도 없이 바라보아야 하지 않을까. 우리는 그저 우주 속에 함께 숨을 쉬고 살아가는 작은 생명체에 불과함을 잊지 않기를.

안녕히

 글씨를 쓰는 도중에 붓이 부러졌다. 우리의 인연이 이렇게 갑자기 끝을 맺게 될 줄은 몰랐다. 아직 끝을 내기에는 아쉬운 붓이지만, 그동안의 노고를 치하하며 다른 붓을 꺼내 들고 그가 미처 완성하지 못한 나머지를 채워 작품을 이어갔다.

 그 이후로는 글을 쓰기 전에 붓의 상태를 꼼꼼히 살피게 되었다. 상한 부분은 없는지, 혹시 곧 헤어짐을 말하려고 하지는 않는지, 붓의 삶도 유한함을 여러 차례 되새겼다.

 어느 날 버스 정류소에서 이어폰을 낀 내 옆에, 보청기를 끼고 계신 할아버지가 앉아 계셨다. 내 속 이야기에 더 집중하려는 나와, 세상의 이야기를 담으려 하시는 할아버지. 방식은 다르지만 우리는 세상의 유한함을 알고, 각자의 방법으로 이 시대를 함께 열심히 작업하는 모습이 붓과 닮아있다.

아무리 중산의 토끼털이라 할지라도 그 한 자루의 붓만으로 필력을 키울 수 없으며, 지나간 천 자루의 붓과 열 개의 벼루들이 있었기에* 추사체가 완성될 수 있었을 것이다. 다가올 봄이 아름다울 것이라고 알게 된 건 지나온 그 봄들 덕분이다.

푸른 봄, 청춘을 더 깊게 느끼고 싶다면 만물을 받치고 있는 흙을 손에 가득 담기도 하고, 싱그러운 봄이 필 수 있도록 도와준 수많은 지난 봄날에게 따스한 눈인사를 건네 보길. 얄궂은 봄은 붓과 닮아 있어서, 항상 어느 날 갑자기, 끝인사도 없이 사라지는 게 다반사다.

---

*추사 김정희가 친구 권돈인에게 쓴 편지를 보면 '(내 글씨엔 아직 부족함이 많지만) 나는 칠십 평생 벼루 열 개를 구멍 냈고, 붓 일천 자루를 몽당붓으로 만들었다'고 적혀 있다.

끝부터 시작까지

나는 언제 글씨를 쓰기 '시작' 하는 걸까?

깨끗하게 닦여져 있는 벼루에 물을 부을 때 '시작이다.' 싶다가도 벼루에 고여 있는 물을 먹으로 갈 때, '시작이야.' 하기도 하고, 고운 그 먹물에 새하얀 붓을 담글 때, '그래, 드디어 시작이지.' 하는데, 하얀 종이에 먹을 머금은 붓이 닿는 그 찰나가 되면 '정말 시작이야!' 하는 생각이 또 든다.

헷갈리는 건 끝도 마찬가지. 종이의 맨 마지막까지 쓰면 '끝났다.' 싶다가도, 이루어진 그 모습을 가만히 보다가 나도 모르게 새로운 종이를 한 장 다시 꺼낸다. 액자 옷을 입으러 가기 전까지 여전히 작품들이 '시작'되고 '끝맺음' 되어가는 중이다.

언제부터 시작이며, 어디까지가 끝인지 가늠할 수 없는 작업을 보면 나의 시작은 누군가에게는 시작이 아닐 수도 있고, 누군가의 끝이 내가 보기에는 시작일 수도 있음을 이해하게 된다.

한 줄기 빛과 함께 대단한 시작을 기다리고 장엄한 마지막을 장식하려 하기보다는, 조금 실수를 하더라도 묵묵히 이루어가는 한 장, 한순간이 더없이 소중한 시간일지도 모른다.

스스로
그러하도록

씨앗 하나가 톡. 내려앉았다. 그곳에 비가 내리고, 해가 살짝 내리쬐었는데 꽃이 되고, 나무가 된다. 정말 별것 아니라고 생각했던 것들이 위대한 것을 이루어 가고 있다. 눈을 마주치면 갑자기 참을 수 없는 재채기를 하게 되는 태양. 그와 가까워지고 싶은 마음이 들면, 얇은 구름 하나가 햇빛을 온몸으로 막아주며 태양과의 인사를 돕는다. 그런 구름에게 고마워서 인사라도 하고 싶지만, 악수조차 할 수 없고 가까이 가면 오히려 그의 형체를 알아볼 수 없이 그저 스며들 뿐이다.

말로는 결코 포장될 수 없고, 뭐라고 똑 부러지게 형언할 수 없는 것들이 진짜이지 않을까? 한 송이의 꽃과 한 그루의 나무도, 결코 우리를 위해 피고 지는 것이 아니지만 우리는 그들을 보면서 깊은 생각을 하게 되니 말이다.

예술은 직접적으로 생명을 살리지도, 세상을 구하지도 않기에 어쩌면 별 쓸 일이 없다 할 수 있겠지만, 지나칠 마음들을 잠시 돌아볼 수 있게 하며, 순간을 영원함으로 기억될 수 있도록 하여 세상을 더욱 세상답게 한다.

그런 예술을 마음에 품고 예술가로 살아가고자 한다면, 내보이는 작품들이 세상을 이로운 방향으로 이끌고 나아가야 한다. 물론 장르에 따라서 방식은 다를 수 있겠지만, 깊게 다져진 의도는 언제나 아름답길. 저 구름처럼, 햇살처럼, 비처럼, 물처럼, 바람처럼, 꽃처럼, 나무처럼, 풀벌레처럼.

기어이 피어내는 꽃

흔,
그리고 결

어느 밤, 호수에 그려진 산을 보았다. 그 산은 거울에 비친 것처럼 모습이 완전히 같지 않았고, 눈으로는 보이지 않는 바람도 물에 반짝이며 표현되어 있었다. 계절이 지나지 않으면 변하지 않을 것 같은 산의 색도 순식간에 하늘빛의 현玄 색이 되었고, 가만히 파동을 바라보면 내가 서 있는지, 움직이는지 가늠할 수 없었다.

독창성과 창의성을 발휘하며, 모든 색을 포함하고, 마음에 따라 유연하게 움직이는 그런 자연의 작품. 하지만 그 밤이 지나면 내 마음속에만 오래도록 간직하게 될 예술품. 나는 그런 글씨를, 사람들은 자신만의 작품을, 그래서 우리가 그런 예술을 함께 세상에 남겼으면 한다.

  천년 지난 나무와 한철에 피고 지는 벚꽃, 아침이 되면 소리 없이 사라질 저 호수 속 작품, 하지만 아주 깊은 잔상으로 꽤 오래 숨 쉬는 그들처럼.

  아주 먼 미래에 우리의 형태는 사라져도 세월을 견뎌 그 속에 남아있는 예술이 누군가의 마음에 지워지지 않는 흔적이 될테다. 작품 속 조그마한 숨결들 또한 누군가의 숨이 되어 그의 삶을 안아주길.

서예는 밤의 하늘색을 닮았다

닫는 말

일희일비하는 그대에게 보냅니다.

우선 소중한 시간 한 조각에 제 이야기를 담아주셔서 감사합니다. 부끄러운 이야기들까지 다 알고 계신다고 생각하니 책을 잡고 있는 당신이 참 가깝게 느껴집니다.

이 책이 세상에 나오면서 분류가 될 카테고리는 논픽션이라고 하네요. 상상으로 꾸민 이야기가 아니라 사실에 근거하여 쓴 작품, 논픽션. 이제 이 에필로그와 최종원고를 넘기고 인쇄에 들어가면 제 손을 떠나 이름 모를 감사한 누군가의 손으로 영원히 보내야 합니다.

멋을 부리기 위해서 집어넣은 수식어는 없는지, 느끼지 않았으면서 느꼈다고 억지로 우긴 감정들은 없는지. 논픽션이 될 책 앞에서 평생 자유롭기 위해 다시 한번 천천히 읽어보았습니다. 예술에 대해 안답시고 적어놓은 글들이 나중엔 발목을 잡을지는 모르겠지만, 자꾸 웃다가 울다가를 반복하는 걸 보면 거짓은 없었다는 안심이 되네요. 그러면서 책 제목의 '그대'가 사실 저라는 것이 분명해졌어요.

써 내려간 글에 대하여 깊은 책임감을 지니고 살아가겠습니다. 마치 여린 성품일지라도 다짐하면 단단하게 자신의 마음을 지켜내는 붓처럼, 옳은 일이라 생각되면 자신의 온몸을 타인의 생각으로 뒤덮어도 묵묵한 한지처럼, 사라지는 모습이 너무도 고귀하게 느껴지는 벼루와 먹처럼. 그들의 삶을 본보기로 삼으며 차근히 예술가로 커나가도록 하겠습니다. 흔들릴 때마다 저 묵묵한 수다쟁이 사인방이 한마디씩 첨언해 주리라 믿어요.

마지막으로, 고마운 사람들을 나열하려고 했는데 너무 많아서 손을 멈추고 마음에 담아두었습니다. 이 문장을 읽

다가 피식한 분들이 계신다면 '내 이야기구나?' 하고 어여
삐 봐주세요. 늘 감사하고, 고맙습니다.

이천이십년 어느 봄날
인중 이정화 올림

추천의 말

이 책은 단순히 서예가의 이야기가 아닌 일상 속에서 마음을 쓸 수 있는 모든 대상에 대한 새로운 고찰과 시선을 가지게 해주는 책이다. 무언가를 시작하는 사람에게는 용기를, 과정에 지쳐있는 사람에게는 위로를, 그리고 삶을 만족하고 있는 사람에게는 건강한 경계심을 주는 그녀의 잔잔하지만 묵향 짙은 이야기를 꼭 느껴 보시라. 이 책은 흐트러진 붓이 한데 모여 만들어내는 하나의 먹 선과 같다. 책을 다 읽을 때쯤 메시지 하나를 마음에 두게 되었다.

"꽃은 한 때 꽃이었던 흙이 키워준다.(p.136)" 그래서 유

독 그녀의 글이 고마운 5월이다.

김물길 | 아티스트

생존과 성장이라는 경주로를 쉼 없이 달리는 시대, 멈추면 인생의 경쟁에서 낙오될까 불안하다. 그러나 누구인들 지치지 않으랴. 변화의 속도로 지치고 어지럽다면, 잠깐 멈춰야 한다. 멈춰 서서, 오래 지속되는 것들의 이야기에 귀 기울여야 한다. 이 책에 그런 이야기가 담겨 있다. 자연을 묵상하고 서예를 수련하면서 익힌 지혜와 가치들이 이야기에 잘 녹아 있다. 게다가 이야기의 주인공이 젊은 서예가라서 새롭다. 발랄함과 묵직함이 공존하는 것만으로도 이 책을 읽는 재미와 감동은 배가 된다.

구범준 | 세바시 PD

모든 색을 합하면 먹의 색, 현색玄色이 된다. 마음을 편안하게 해주는 우주의 색이다. 인중은 대학시절 붓 한 자루를 들고 세계일주를 한 경험과, 붓 끝을 바라보며 체득한 섬세한 내용들을 진솔하게 글로 풀어내고 있어 독자들에게 잔잔한 감동을 준다. 이 책은 이 시대를 살아가는 젊은이들이, 잠시 쉬어가며 서로 생각을 나눌 수 있는 친구 같은 책이다.

박영진 | 경기대학교 명예교수

꽃을 보며 그 뒤에 한때 꽃이었던 흙을 볼 줄 아는 그녀의 시선은 왠지 어린 왕자를 떠올리게 합니다. 그녀의 시선은 쉬지 않고 움직이는 우리의 일상과 빠르게 지나가는 생각 화살을 마치 시공간을 마음대로 멈출 수 있는 마술사처럼 일시정지 시켜줍니다. 그리고 순수하고 간결한 필체로 삶과 기억의 두꺼운 포장을 벗겨내고 속 안에 묻혀있던 먹 향을 은은히 다시 배어 나오게 합니다. 그 자연스럽고 온유한 위로의 향이 두려움과 차가운 현실로 경직되어 있던 나를 따듯하게 합니다. 혼미한 세상 속에 은은한 먹 향의 위로가 필요하신 분들께 이 책을 추천합니다.

이정진 | Extra Nos

이 책을 읽은 모든 이들은 이제, 저 흩날리는 벚꽃 잎에서,

단풍든 가을 산중턱의 검은 바위에서, 쨍하니 맑은 겨울 하늘에서, 먹구름 몰려온 여름날의 폭우 속에서, 말하자면 그 모든 자연스러운 망중한에 인중 이정화의 먹과 붓의 이야기가 떠오를 것이다.

유형진 | 시인

인중은 여고생 시절 주변 사물에 관심이 많았습니다. 수많은 붓털을 하나로 모아야 글씨를 쓸 수 있듯이 더 아름다운 세상을 만드는 데 보탬이 되기 위해 마른 나뭇잎 하나도 소홀히 하지 않고 애정을 담아 글씨에 옮겨 새로운 생명을 불어넣고 있습니다. 그런 제자에게 배웁니다. 교육자로서 어느 한 제자에게도 소홀함이 없도록 하자고 다짐합니다. 오래된 새것인 서예를 매개로 아름다운 세상을 만들어 가는 청년 서예가를 응원합니다.

임상권 | 고등학교 한문교사

화장실에 법정 스님 무소유를 놓아 둔지 꽤 되었다. 변기에 앉을 때마다 무심코 책을 열어본다. 어김없이 오늘 봐야 할

문장을 만나곤 했다. 글에 정신을 담는 사람들이 있다. 그들의 책은 자석처럼, 인연을 끌어당긴다. 그녀의 책이 그랬다. 맑은 정신이 필요할 때쯤 그녀의 글을 열었고, 붓을 보았다. 정신이 맑다.

윤소정 | 기업가, 인문학 습관 저자

폴앤마크의 대표이자, 세바시의 연구소장으로 많은 연사들을 코칭했지만, 서예가 인중은 잊을 수 없는 사람이다. 먹을 갈아 우주의 색을 만들고, 그 마음을 한지에 담아내는 사람. 그녀의 작품이 특별한 이유는 그녀의 삶과 글씨가 맞닿아있기 때문이다. 그녀의 글이 특별한 이유는 여기에 있다. 지나쳐버릴 수 있는 일상을 그녀만이 가진 영혼으로 세상을 재해석했다. 의미 없이 반복되는 매일을 사는 우리에게 이 책은 깨달음이다. 내일을 살아야 할 용기와 응원이 필요한 모든 사람들에게 이 책을 추천한다.

최재웅 | 폴앤마크 대표

바람이 변하잔ㄴ

일희일비하는 그대에게

서예가 이충 이청화

일희일비하는 그대에게

2쇄 인쇄　2021. 12. 17
2쇄 발행　2022. 01. 07

글 · 서예　인증 이정화
표지 제목 서예　송민 이주형

발행인　윤혜영
디자인　박현지
마케팅　구낙회

펴낸곳　로앤오더
주소　(우)04778 서울시 성동구 왕십리로 8길 21-1
전화　02-6332-1103 | **팩스**　02-6332-1104
이메일　lawnorder21@naver.com
블로그　blog.naver.com/lawnorder21
포스트　post.naver.com/lawnorder21
페이스북 인스타　dalflowers
ISBN　979-11-6267-102-3

달꽃°은 로앤오더의 출판 브랜드입니다.

파본은 본사에서 교환해 드립니다.
이 책은 저작권법에 따라 보호받는 저작물이므로 무단복제를 금지하며
이 책 내용의 전부 또는 일부를 이용하려면 반드시 저작권자와
로앤오더의 서면 동의를 받아야 합니다.

ⓒ 이 책에서 사용된 서체는 KBIZ한마음명조, 경기천년바탕, 문체부 훈민정음체, 문체부 궁체 흘림체, 문체부 바탕체, 문체부 제목 바탕체, 정선아리랑 혼, Noto Serif 총 여덟 종을 사용하였습니다.